U0617198

本书为黑龙江省教育科学"十四五"规划2022年度教研专项重点课题"基于核心素养的俄语语言能力实践研究"（课题编号：JYB1422498）成果

新课程背景下的
中学俄语教学指津

冯雅菲◎著

黑龙江大学出版社
HEILONGJIANG UNIVERSITY PRESS
哈尔滨

图书在版编目（CIP）数据

新课程背景下的中学俄语教学指津 / 冯雅菲著．——
哈尔滨：黑龙江大学出版社，2022.8
ISBN 978-7-5686-0851-0

Ⅰ．①新… Ⅱ．①冯… Ⅲ．①俄语课－教学研究－中
学 Ⅳ．① G633.452

中国版本图书馆 CIP 数据核字（2022）第 152757 号

新课程背景下的中学俄语教学指津
XINKECHENG BEIJING XIA DE ZHONGXUE EYU JIAOXUE ZHIJIN
冯雅菲　著

责任编辑　张微微
出版发行　黑龙江大学出版社
地　　址　哈尔滨市南岗区学府三道街 36 号
印　　刷　哈尔滨市石桥印务有限公司
开　　本　720 毫米 ×1000 毫米　1/16
印　　张　15.75
字　　数　267 千
版　　次　2022 年 8 月第 1 版
印　　次　2022 年 8 月第 1 次印刷
书　　号　ISBN 978-7-5686-0851-0
定　　价　63.00 元

本书如有印装错误请与本社联系更换。

版权所有　侵权必究

前　言

　　2017 年,教育部印发了《普通高中课程方案(2017 年版)》和《普通高中俄语课程标准(2017 年版)》,并于 2020 年进行了修订。2022 年,随着《义务教育课程方案(2022 年版)》和《义务教育俄语课程标准(2022 年版)》的颁布,以及先期新一轮高考招生制度改革的启动,国家基本完成了中学阶段课程、教材、考试改革的顶层设计,这也标志着课程改革的重心已经转向课程实施环节。

　　课程实施是新课程改革的核心环节。基础教育课程改革深化、发展阶段的重点是发展学生核心素养,落实立德树人根本任务。为便于中学俄语教师精准地理解和把握修订后的课程标准,帮助他们在一线教学工作中真正落实新版课程标准的要求,解决新课程新教材实施过程中俄语教学的实际问题,本书对中学俄语教学现状进行分析,解读新课程理念、核心素养实质内涵、核心素养下俄语课程目标与内容等关键内容;重点探讨核心素养下的俄语教学方法、发展学生核心素养的途径、基于核心素养的中学俄语教学设计等方面的理论与实践问题。本书将教育理论与教学实施对接,佐以俄语教学案例,使之具有教学实践可参考性,目的是引导俄语教师和学习者深刻理解新课程新教材的要求和设计意图,助力教师在深入理解新课程的基础上,深化课堂教学变革,提高专业能力,有效实施新课程。

　　从新课标到教学实施有一个"教学落差"需要我们一起面对,如何领会新课程改革精神,探索指向课程标准的教学与评价方法,如何将立德树人、核心素养培育体现在教学实施中,全面提升教书育人的能力和水平,是我们俄语人共同的初心和使命。

书稿写作过程中获得多方支持。首先,有幸得到黑龙江大学出版社的资助;其次,在出版过程中编辑以高度的责任心和专业素养,对全书进行了文字打磨,提高了书稿的质量;同时,济南外国语学校的苏楠老师多次试教并对文稿进行多次修改,一并致以崇高的敬意和衷心的感谢。

俄语课程改革尚在摸索中前进,可资借鉴的成熟经验较少,本书基于多年的研究与实践成果,但仍有一些问题需要进一步完善,期待能够引发更多的俄语教师呈现教学智慧,为促进中学俄语教师专业发展,为我国中学俄语教育发展略尽绵薄之力。笔者对教师理解新课程、实施新教学、实现培根铸魂,充满期待!

目　录

第一章　中学俄语教学现状分析

第一节　问题提出——来自于教学一线的调研报告

俄语是联合国的六种工作语言之一,全世界使用人数 2 亿多。作为交际工具之一,俄语享有较高的国际地位。俄罗斯是"一带一路"重要途经国,中国与俄罗斯建立了长期的战略协作伙伴关系,对我国俄语教育的发展必将产生巨大的影响。

《普通高中课程方案(2017 年版)》和《普通高中俄语课程标准(2017 年版)》,《义务教育课程方案(2022 年版)》和《义务教育俄语课程标准(2022 年版)》陆续正式颁布实施,这对我国基础俄语教育教学起到了良好的引领和导向作用。在俄语课程标准中明确规定核心素养包括语言能力、文化意识、思维品质和学习能力这四个维度,这成为基础俄语教育教学、课程、教材和评价的重要依据。为大力推进课程标准提出的理念在教学中的落实,笔者面向全国开设俄语的中学校进行了调研。

一、调查的目的与意义

调研目的在于,深入了解全国中学俄语开设情况,学生俄语学习现状,探求改善学生俄语学习现状的方法与途径,增强俄语教学的科学性、目的性、针对性,以及教师们适应新课程改革的自觉性。使俄语课堂教学改革能够在核心素养的指导下、在俄语教育教学的实践中,遵循外语教育发展的客观规律,遵循学生的认知规律,有的放矢、循序渐进地将新课程的理念落实到教育教学的每一个环节中去。力求在认真分析、研究所获取的调研样本的基础上,结合相关的新课程教育教学理论,对我国学生学习俄语的现状及其形成的原因,做出较为准确、客观、全面的评价,并提出一些具体的改进方法与策略,以期为新课程的顺利实施打好基础,提供帮助。

二、调查的方法与对象

本次的调研对象覆盖了全国各层级学校,教师样本覆盖了俄语学科全学段,学生样本也覆盖了所有年级。调查研究主要采取三种方式进行。一、开展涵盖全国各层级学校的问卷调研,基本达到全国各省开设俄语学校的全覆盖,从学校、教师、学生三个角度设置问卷。二、实地调研38所学校,同时面对面访谈校长、教师、学生五百余人,通过校长汇报,参观校园,走进课堂,听、评、议课等方式了解俄语开设现状与困难。三、专家访谈,包括学科专家,教育专家,课程与教材编写专家,教育行政人员,高考命题人员,省、市、县教研员等。对于个性化突出问题有针对性地进行探讨分析,开展研究。

调查基于从全国开设俄语的38所学校中选取的俄语学生536名、俄语教师62名,从不同年级、不同层次,多角度、全方位地了解中学俄语开设情况和学生俄语学习现状。样本具有广泛性、随机性,因而具有可信度。本次调查问卷类型为自填式,问题形式为封闭式。调查问卷采用了强迫选择法的设置,要求被测者在每一项目备选的四个答案中,选择一个与自己的想法和做法最接近的答案。问卷设计内容包括:开设情况、教学内容、学习方式、评价方法、教学方法、教学手段等。对每一项具体指标,都相应地找出其在教育活动中的具体表现,并力求把各种因素的主要表现情况区别开来。问卷调查采取不记名的方式进行,共发放学生问卷536份,回收问卷526份(皆为有效问卷),有效回收率为98.1%(未回收的问卷是由于学生生病或其他原因);教师问卷68份,回收问卷68份。从总的情况看,学生、教师填写问卷的态度十分认真,问卷资料的价值较高。

第二节　中学俄语开设现状分析

本次调查研究采取了定量分析和定性分析相结合的方法,根据调研数据,分析、整理、归纳学校、教师、学生等各方对俄语课程改革的真实态度及俄语课堂教学中待解决的问题,同时提出能够促进俄语教师专业发展的可行性策略及学生核心素养落实的发展路径。

一、俄语开设情况分析

(一)生源地发生剧烈变化

黑龙江省与俄罗斯毗邻,具有独特的地缘优势,是全国俄语教育教学的重要基地,为国家培养了大量的俄语人才。近些年,受外部环境的影响,中学俄语教学逐渐弱化,开设俄语课程的学校和选择俄语学习的学生数量都呈现逐年递减的趋势,尤其是边境口岸地区,下滑较为明显,如黑河、绥芬河、同江、抚远、饶河等。

(二)高中零起点教学

高中俄语零起点开设现象比较普遍,除了各省的外国语学校和黑龙江、新疆等地区的极少所学校从初中开始开设俄语课程以外,目前全国90%左右的学生都是高中阶段才开始学习俄语,即用三年时间学完初中和高中的俄语课程。因此,在实际教学中存在课时少、教学进度过快等现象,这样就容易导致教学困难。除此之外,由于办学条件和师资的限制,多数班级学生人数较多,与新课程改革对中学外语教学的要求有一定的差距。

二、中学俄语教师现状分析

(一)教师队伍结构

目前,中学俄语教师队伍在思想意识和俄语专业水平方面存在差异。各省外国语学校的教师由于俄语生源稳定,教学资源、教学基础和教学环境比较好,因此职业满意度较高。而其他大部分中学的俄语课程开设时间较短,甚至有学校是临时组建俄语班级,缺乏良好的俄语教学基础。这些学校的俄语教师往往在教学环境、职称评定、工资待遇、专业培训或进修机会等方面落后于其他学科教师。这些客观因素会影响俄语教师工作的积极性,使其产生一定的职业不安全感和焦虑感,进而影响其业务素养和综合能力的有效提升。

(二)教师教育理念

面对新课程改革,多数教师还没有准备好。调研中发现,一些俄语教师的教育理念还比较滞后,并未认识到核心素养培养的价值,认为现有的教学模式并没有什么缺失。还有一些教师认为核心素养的培养很重要,但是不知道怎样在实践教学中将其与具体教学内容结合起来。因此,俄语课程标准中对于课程内容要求的诸多方面尚未融入课堂教学,用传统的教学方法来面对和处理新课程标准实施中的问题,不仅没有提高教学质量,反而给教师带来了新的困难,核心素养的培养不能得到充分落实。

(三)教师专业素养

课程改革的实施对俄语教师的专业素养提出了更高要求。新课程改革打破了过去教学中以语言知识学习为主线的教学模式,从重点讲解知识点转为在主题活动中进行外语实践。调研发现,教师在教学中容易忽视学生学习兴趣和思维品质的培养,以及根据学生实际情况灵活开展教学。教师对新课程改革要求的认识还需要进一步提高,以便有效解决教学实施中的问题。

(四)教师技术素养

俄语教师对信息技术的掌握程度还需要进一步加强,以熟练使用俄罗斯常规搜索引擎获取网络资源。目前的课堂教学基本停留在"教师+教材"的传统模式中,与信息技术的有机融合还不够,给学生延伸和拓展教学内容也就有限,由此学生学习俄语的积极性和主动性受到影响,在一定程度上也影响了学生学习资源渠道的扩充和信息素养水平的提升。

（五）教师研究能力

俄语教师的科研意识和教学研究能力还有待提高,以把新课改的理念和经验转化为教学实践的新成果。例如在知识传授、技能训练等方面,教师还具备一定的经验和能力,但是在新课程改革核心素养要求的文化意识、学习能力、思维品质等的落实,以及育人目标的实现等方面,多数教师还是感觉无从下手、力不从心、难以胜任,这与新课程对教师的要求存在一定差距。同时,俄语教师运用新课改理念指导教学实践和撰写论文的能力,以及科研课题的研究意识和能力也有待提高。

三、中学俄语学生现状分析

很多学生是从高中才开始学习俄语,受时间紧、任务重的影响,教师讲授较多,没有充分利用现代化的教学手段,导致教学方式较为单一,难以激发学生学习俄语的兴趣,学生学习俄语的积极性就受到影响。

四、俄语课堂教学现状

目前的中学俄语课堂教学与新课程改革的要求有较大差距,其主要以应对高考为教学的基本导向,语言实践活动不够,较少进行听、说、读、写的综合训练,对学生语言综合运用能力的培养关注度不够。同时,信息技术资源利用不足。这些问题反映出目前的中学俄语课堂教学与国家俄语课程的培养方向还存在一定的偏差,需要进一步改善和调整。

第三节　中学俄语教学有效实施

中学阶段是学生学习俄语的关键时期,在课堂教学中,教师要坚持以学生为本,面向全体学生,关注个体差异,优化课堂教学,多渠道、多途径地整合教学资源,制定切实可行的实施方案,开展丰富多彩的俄语教学活动,从而促进核心素养的形成。

一、加强课程管理，提升课程质量

课程管理是课程质量提升的核心要素，它的优劣直接影响课程质量。因此，为确保课程质量的提升，建议教育行政部门建立保障机制，按照国家课程方案和俄语课程标准的要求进行课程实施。鼓励从小学或者初中开设俄语教学，在规定的学时内完成计划的内容，保证教学的连续性和稳定性。建议政府部门从战略角度出发制订宏观、务实、有效的长短期规划，并适当给予政策性倾斜，加大行政支持力度，促使各级学校开设俄语课程。扩大俄语招生量，鼓励优质生源选择俄语。同时，制定一些优惠政策，比如降低中、高考录取分数线等。

二、更新专业知识，促进教师专业发展

俄语教学的新要求对教师素养提出了更高的标准，俄语教师应不断更新学科专业知识，提高自身语言、文化素养和教学技能，把落实立德树人根本任务放在首位，探寻俄语课程体现新时代党和国家对基础教育人才培养基本要求的方法，研究落实俄语学科核心素养的实施路径，做到：（一）转变教学观念，关注学生俄语课程核心素养的发展；（二）转变教学角色，使教学成为师生互动交流、共同学习的过程；（三）转变教学方式，提高现代教育技术运用水平，积极探索、改进教学手段，提高教学效率；（四）转变发展理念，不断优化知识结构，将自己所学的俄语专业知识与相关学科的知识有机地结合起来；（五）增强国际意识，学习相关的教学理论，研究教学规律，积累教学经验和知识，立足教学实际，不断优化俄语学科专业发展的有效措施和方法。

三、完善网络教研，强化教研团队建设

网络教研是近年来不断深入开展并进行广泛实践的一种新型教研活动，其优势在于跨越了空间的限制。教师们可以利用互联网开展在线学习和交流，充分利用网络资源和专家在线开展学科教研、培训活动，创造性发挥网络教研的助教、助学、助研、助管功能。加强网络教研的组织和引领，以专题形式深化教学研究，可以实现教研优质资源共享。同时要建立和完善学校教研组、年级备课组的教学研究的工作机制，规范教研组的教学研究行为，有计划开展学科教研活动、校本教研活动以及网络教研活动。各区域可以联合开展课堂教学研讨

课、观摩公开课、示范教学讲座等活动,给教师提供交流和学习的平台,达到共同研究、共同提高的目的,进一步提升俄语教师专业知识能力和教学技能。

四、利用现代信息技术,保障课程资源开发

要充分利用现代化的信息手段搭建俄语学习的平台和渠道,加强信息技术与俄语课程的深度融合,整合学习资源、拓展学习渠道、优化课程资源、丰富学习活动,提高学生俄语学习的效率。同时要充分利用远程教育资源,帮助俄语教师补充知识、开阔眼界、改进俄语教学方法,形成课程资源,为众多学校和地区服务。

五、构建多元培训制度,助力新课程实施

成立由课程标准修订专家、教材专家、学科专家、教研员、骨干教师组成的俄语学科研培团队,依托四级联动教研体系,以"国培计划"和"省培计划"、长短期脱产培训、校际交流及跟岗培训、远程协作备课等方式开展教师教学能力提升工程。各教师进修学校可在开学前,组织课程标准和教材培训活动,促进教师深研课程标准,熟知教材编写理念、编写体例、具体内容和要求;引领教师在问题解决过程中理解新课程改革的理念,做到理论与实践相结合,理念与行动共改进。

第二章　俄语新课程理念

第一节　俄语课程育人价值

基础教育课程承载着党的教育方针和教育思想,落实党的教育方针和提高人才培养的质量,是学校教育教学活动的基本依据。"培养什么人、怎样培养人、为谁培养人"的问题越来越受到党和国家的高度重视,关注俄语课程的育人功能,研究落实俄语学科课程建设以及有效实施路径,是基础教育领域的重点。

为落实中央关于立德树人的要求,进一步深化基础教育课程改革,教育部于 2013 年启动了普通高中课程方案、2014 年启动了普通高中课程标准的修订工作,2019 年启动了义务教育课程标准修订工作。修订工作深入总结 21 世纪以来我国中学课程改革的宝贵经验,充分借鉴国际课程改革的优秀成果,努力将中学课程方案和课程标准修订成既符合我国实际情况,又具有国际视野的纲领性教学文件,构建具有中国特色的中学课程体系。[①]

一、俄语课程育人价值

改革开放以来,为满足社会发展需要,俄语课程发生了巨大的变化:从教俄语过渡到通过教俄语育人,俄语课程的育人作用逐步提升,通过俄语教育达成

---

① 刘娟,黄玫.普通高中俄语课程标准(2017 年版)解读[M].北京:高等教育出版社,2018.

育人目标的紧迫性日趋突出。

习近平总书记在全国教育大会上提出，教育要"培养德智体美劳全面发展的社会主义建设者和接班人"①。这就是育人总体目标，育人指对受教育者进行德育、智育、体育、美育、劳动教育等多方面的教育和培养，目的是使受教育者得到全面的发展，成长为社会需要且身心健康的人。

俄语学科作为基础教育阶段的文化课程之一，与其他学科共同承担着育人的任务。通过俄语教育落实立德树人根本任务，是俄语课程标准提出的重要理念之一。因此，就俄语课程而言，育人目标既渗透在俄语课程要培养的核心素养之中，也渗透在课程内容以及日常的课堂教学过程之中。育人目标集中表现在政治思想、道德品格、国际理解、审美情趣等方面。俄语课程要全面渗透和达成这些育人目标，尤其是要结合俄语课程内容和俄语教学的特点落实育人任务。

二、俄语课程育人资源

义务教育俄语课程标准和普通高中俄语课程标准都高度重视俄语课程的育人价值，将其全面渗透到俄语课程标准中，并就如何实现育人目标提出具体要求，规定了教育目标和教育内容。为了在俄语课程中落实育人目标，必须挖掘俄语课程独特的育人优势。下面我们从育人素材、育人途径等方面讨论俄语课程达成育人目标的有利条件。

（一）俄语语篇是育人的重要素材

俄语课程为学生提供大量的语篇，学生依托语篇开展学习活动。俄语教学使用的语篇，都具有积极、正向的主题意义，蕴含着丰富的育人价值。俄语教材中有很多内涵丰富的语篇，能给人心灵和思想的启迪，学生可以在学习这些语篇的过程中自然地接受教育。例如人教版俄语教科书中有很多这样的例子：义务教育教科书俄语九年级第 3 课课文《Семь лет》培养学生的敬业精神；围绕主题《Профессия》开展的主题活动，教育学生职业只有分工不同，没有贵贱之分；七年级第 13 课课文《Москва — старый или новый город》，既帮助学生学习形容词与名词的一致关系，又能激发学生的爱国之心，还可以引导他们用相对论

---

① http://edu.people.com.cn/n1/2018/0911/c1053-30286253.html.

的方法评价自己和同学的学习行为;九年级第 4 课课文«О чём думает Саша?»激发学生热爱家乡、热爱祖国的情感。普通高中教科书俄语必修第二册第 1 课课文«Какая подруга лучше»让学生明白择友的标准;必修第三册第 3 课课文«Вы любите путешествовать?»既学习带目的从句的主从复合句,又帮助学生意识到积极休闲的必要性;选择性必修第一册第 3 课课文«Работа и увлечение»教会学生个人兴趣对学业和工作的促进作用;选择性必修第三册第 2 课课文«Наша родина — Китай»既学习带说明从句的主从复合句,又能激发学生的爱国之心。这样的语篇都是很好的育人素材,教师在教学过程中应以发挥语篇育人作用为己任,将育人与教学有机结合,落实到自己的教学实践中。

(二)俄语跨文化学习是育人的重要途径

学习俄语可以帮助学生在了解俄罗斯的基础上更好地了解中国,这是育人的重要途径之一。俄语课程的学习过程中学生不仅要学习俄罗斯的文化,还要能够比较中俄文化的异同,理解多元文化和多元价值,形成国际视野,在了解俄罗斯的基础上回归到对祖国文化的认同,培养民族自豪感和自信心。每个国家都有民族象征、民族精神,而语言承载着一个国家的历史、文化和生活。教科书中地道优美的语言不仅介绍了俄罗斯和中国的民族象征,也介绍了中华优秀传统文化以及中国历史名胜等。学习这些有利于学生深化对中华优秀传统文化和价值观的理解,坚定文化自信和培养家国情怀。因此,以俄语为纽带的跨文化学习拓展了育人目标的培养途径。参考教材示例 2-1(高中选择性必修一 第 80 页)、2-2(高中选择性必修一 第 44 页)、2-3(高中选择性必修三 第 6 页)。

2. 利用现代信息技术查找下列有关中华优秀传统文化的信息,用俄语向老师和同学简单介绍其中一种。

教材示例 2-1

8. Вы зна́ете э́ти фи́льмы и́ли телесериа́лы? О чём они́? Если не зна́ете, найди́те ну́жную информа́цию в Интерне́те.

教材示例 2-2

5. Ка́ждая страна́ име́ет национа́льные си́мволы, кото́рые говоря́т об исто́рии, культу́ре и бы́те страны́. Посмотри́те на фотогра́фии и скажи́те, каки́е си́мволы отно́сятся (属于) к кита́йской культу́ре, а каки́е — к ру́сской.

教材示例 2-3

(三)俄语教学活动是育人的重要环节

教学活动是俄语课堂教学的基本组织形式。学生完成活动的过程也是学生学习与人交往、学会做人做事、发展情感态度和价值观的过程。学生与他人互动,共同探讨和解决问题,这一过程既是语言交际活动,也是思想与情感的交流。能够帮助学生在学习语言的同时,养成积极乐观、健康良好的情感态度,尊重他人、宽和待人的道德品质,以及遵守规则、团结合作的公民素养。

以下是以公民素养为主题的俄语语言实践活动案例,参考教材示例2-4(高中选择性必修一 第11页)、2-5(高中选择性必修二 第65页)。

13. Обсуди́те в кла́ссе «Как пра́вильно вести́ себя́ в больни́це?». Опиши́те рису́нки по образцу́.

Образе́ц:

Что ну́жно/на́до де́лать?	Е́сли лю́ди помога́ют вам, на́до поблагодари́ть их.
Что нельзя́ де́лать?	Нельзя́ спо́рить с врача́ми.
Сове́т	Вы́ключите телефо́н. Не заходи́те в кабине́т врача́, пока́ вас не пригласи́ли.

教材示例 2-4

4. Обсуди́те в кла́ссе «Как пра́вильно вести́ себя́ в магази́не?».

Что ну́жно/на́до де́лать?	Пре́жде, чем зайти́ в магази́н, ну́жно пропусти́ть тех, кто выхо́дит. Е́сли кто́-то идёт за ва́ми, на́до придержа́ть ему́ дверь.
Что нельзя́ де́лать?	Нельзя́ тро́гать рука́ми проду́кты, кото́рые продаю́тся без специа́льной упако́вки.
Сове́т	Уважа́йте продавцо́в и други́х покупа́телей!

教材示例 2-5

这个活动的主题内容是一组图片,涉及在公共场所要遵守哪些道德行为规范的讨论,要求学生观察图片中的主人公正在做什么,思考他们是不是好公民,反思自己有没有这样的行为,哪些是提倡做的,哪些是不该做的。学生需要通过这些做出是非判断。在这个过程中,教师引导学生学会尊老爱幼,爱护公共卫生,保护环境,同时让学生意识到"不积跬步,无以至千里",做一个有道德的人要从小事做起,日积月累。例如:随手捡起地上的果皮纸屑,放入垃圾箱内;在公交车上主动给老人让座;公共场合不大声喧哗。学生在学习的过程中,不但能学习语言知识,还能学会做人做事,语言学习与立德树人自然地融为一体。

(四)俄罗斯经典艺术作品欣赏是育人的重要过程

在学习俄语的过程中,学生会接触到俄罗斯的很多经典艺术作品,这些作品思想内容深刻,是育人的良好素材。学习和欣赏俄罗斯艺术作品能够使学生感知语言的魅力,丰富情感体验,领悟思想与伦理。因此,借助俄罗斯艺术作品开展的教学活动也是育人的活动,参考教材示例 2-6(高中必修一 第77页)、2-7(高中选择性必修一 第89页)、2-8(高中必修二 第38页)。

 Это интере́сно!

Это карти́на И.И. Ши́шкина «Утро в сосно́вом лесу́». В уче́бнике восьмо́го кла́сса вы ви́дели четы́ре карти́ны с описа́нием приро́ды. Предлага́ем вам сравни́ть карти́ну «Утро в сосно́вом лесу́» с э́тими карти́нами. Скажи́те, кака́я карти́на вам бо́льше нра́вится и почему́.

教材示例 2-6

Карти́на С.А. Тутуно́ва «Зима́ пришла́»

На карти́не «Зима́ пришла́» мы ви́дим _____, кото́рый _____. Вчера́ ве́чером весь двор был ещё чёрного цве́та, а сего́дня э́тот же двор вы́глядит _____. Бе́лый снег ме́дленно и о́чень ти́хо танцу́ет. А ма́льчик стои́т у окна́ и, наве́рное, мечта́ет о нового́дних пода́рках и о том, что ско́ро придёт _____.

教材示例 2-7

Это интере́сно!

> П.И. Чайко́вский за всю жизнь написа́л о́чень мно́го музыка́льных произведе́ний. Предлага́ем вам в Интерне́те послу́шать его́ знамени́тый бале́т «Лебеди́ное о́зеро». Ну́жно знать, что в эпо́ху без Интерне́та послу́шать П.И. Чайко́вского бы́ло о́чень тру́дно. Поэ́тому нам на́до поблагодари́ть Интерне́т за таку́ю возмо́жность.

教材示例 2-8

三、俄语教学中育人目标落实的路径

教师首先要了解国家发展对人才的需求,对外语学科"培养什么人、为谁培养人"做到了然于胸。教师应以培养有中国立场、有中国价值观、有国际视野的人为己任,以培养红色基因的下一代,传承优秀文化传统为目标。明确了"培养什么人、为谁培养人"后,教师需要思考"怎样培养人"。一直以来,由于历史原因,俄语学科一直都承载着育人任务,无论课标还是教材本身,都坚持正确的政治方向和政治立场,加强对学生的思想道德教育,注意发展学生的素质,帮助学生树立正确的世界观、人生观和价值观。所以我们的俄语教学不能只停留在语言知识教学层面,还要做到以下几点。

(一)树立育人意识

为了落实育人目标,教师必须时刻心怀育人意识,树立育人的教育理念,理解俄语课程实现育人目标的必要性和可行性,在俄语教学中做到:首先,制定教育目标,要想得到;其次,制定学科目标,要看得到;最后,教学目标要做得到。

听课调研发现,教师育人目标的实现效果、实践过程还主要停留在说教,或者贴标签、喊口号的层面。部分老师即便设计了育人目标,也往往是牵强地植入。需要强调的是,不是每节课、每个活动都必须要实现一定的育人目标。原则上,要结合所教的内容来渗透或融入育人目标,既不要忽视育人目标,也要结合教学的实际情况,自然、灵活、有的放矢地设计育人目标和育人活动,让育人活动在课堂上悄悄发生。所以教师自身首先应树立育人意识。教师育人意识的养成有赖于对课程育人价值的了解、对课程育人理念的认同以及对课程育人理想的追求,所以外语教学中"怎样培养人"是我们每位老师都要思考的问题。育人意识是达成育人目标的起点,教师只有将育人目标内化于心,才能够发现、挖掘教学内容的育人价值,促成育人目标的实现。

(二)提高育人能力

教师的育人能力是指教师准确设置并有效落实育人目标的能力。教师要根据学生的知识水平和认知特点,合理安排学习内容,依托课程内容准确设定具体的育人目标。例如:人教版俄语教材使用了多篇具有道德品格育人价值的语篇:介绍了李时珍的历史以及中药在世界上的地位和影响;以学校生活为主题,讨论如何适应新的学习环境,如何合理安排时间,如何更好地学习外语;介绍加加林的宇航精神和中国在航天方面的成就,以及中国的第一位宇航员等。以上语篇是按照从具体行为规范到现实人生态度,再到人生抱负与理想,从个人生活到社会生活,再到家国情怀的顺序安排的。语篇蕴含的育人目标包括使学生熟悉和遵守学校行为规范、使学生熟悉和遵守社会行为规范、使学生树立积极乐观的人生态度、使学生坚定文化自信等内容。教师要全面解读语篇内容,特别是语篇所蕴含的道德品质,按照从基本道德规范,到高尚道德情操品德学习的规律,安排学习内容。

教师育人能力还体现为,教师是否能在目标设计中呈现育人目标的层次性,设计恰当的教学活动。例如:教材中包含大量关于俄罗斯节日文化的学习内容。中俄两国文化互通,有许多节日是相同的,并且还有许多节日都与饮食有关。例如,通过学习,学生了解到俄罗斯传统节日谢肉节时人们会吃薄饼,对比我国传统节日元宵节吃元宵,中秋节吃月饼,端午节吃粽子,学生能够找到共同点。教师应引导学生理解"天下大同,美食与共",也应该有意识地培养学生运用所学知识讲述中国故事的能力。

此外,对于高中学生,教师应进行补充和说明,使学生尽量全面地了解相关文化知识以及不同节日形式的共性文化内涵。教师可设计研讨类活动,引导学生对各国文化现象进行比较、分析和鉴别,总结各国文化的差异和共性,最后的落点是增进对中华文化的了解,坚定文化自信。使学生理解不同文化和价值观的共通性,理解人类命运共同体的内涵与价值,形成国际视野,多角度看待各国文化。参考教材示例 2-9（高中必修二 第 73 页）、2-10（高中必修二 第 67 页）、2-11（高中必修二 第 91 页）。

9. **Напиши́те слова́ в ско́бках в пра́вильной фо́рме. Прочита́йте текст и скажи́те, как пра́зднуют Но́вый год в Росси́и.**

В Росси́и Но́вый год — са́мый люби́мый и са́мый весёлый пра́здник. Но́вый год встреча́ют в двена́дцать (час) но́чи (три́дцать пе́рвое) декабря́. (Пе́рвое) января́ — выходно́й день.

Но́вый год — э́то ёлка, шампа́нское, пе́сни, та́нцы.

Но́вый год — э́то (зи́мний) кани́кулы в шко́ле. И, коне́чно, Дед Моро́з и Снегу́рочка. Дед Моро́з и Снегу́рочка обяза́тельно (приходи́ть) в го́сти на Но́вый год. Они́ вме́сте да́рят (де́ти) пода́рки на Но́вый год.

Но́вый год в Росси́и — семе́йный пра́здник. Но молоды́е лю́ди пра́зднуют (он) до́ма не всегда́. Они́ (идти́) в го́сти, в клуб, в рестора́н.

Если лю́ди рабо́тают на ра́дио и телеви́дении, в поли́ции, на тра́нспорте, в больни́цах, Но́вый год они́ встреча́ют на рабо́те.

В Но́вый год лю́ди (дари́ть) и (получа́ть) пода́рки.

В э́ту ночь обы́чный тост: «С Но́вым (год)! С но́вым (сча́стье)!»

10. **Каки́е пра́здники в Кита́е и в Росси́и вы зна́ете? Запо́лните табли́цу и напиши́те: назва́ние пра́здника, когда́ э́тот пра́здник отмеча́ется, кто его́ отмеча́ет, кого́ поздравля́ют, что по тради́ции де́лают в э́тот день.**

В Кита́е	В Росси́и
День учи́теля отмеча́ют деся́того сентября́. Все отмеча́ют э́тот пра́здник, поздравля́ют учителе́й с Днём учи́теля. Шко́льники да́рят учителя́м цветы́, откры́тки, ма́ленькие пода́рки. …	День учи́теля отмеча́ют пя́того октября́…

教材示例 2-9

2. **Найди́те информа́цию о сле́дующих пра́здниках в Интерне́те и соста́вьте диало́ги по образцу́.**

Образе́ц:

— Са́ша, како́е сего́дня число́?

— Сейча́с посмотрю́ на телефо́не. Шесто́е сентября́.

— Уже́ шесто́е? А деся́того сентября́ — День учи́теля. Мы должны́ поздра́вить на́ших учителе́й с пра́здником. Са́ша, а у вас в Росси́и отмеча́ют День учи́теля?

— То́же отмеча́ют, но не деся́того сентября́, а пя́того октября́.

教材示例 2-10

7. **Вы с ру́сским дру́гом пришли́ в рестора́н в Росси́и. Посове́туйтесь с дру́гом, что вам взять на обе́д.**

Образе́ц: — Не зна́ю, что взять на обе́д. Что здесь вку́сно гото́вят?

— Попро́буй взять грибно́й суп. Он до́лжен тебе́ понра́виться.

— Хорошо́, попро́бую грибно́й суп. А ты что возьмёшь?

— Я возьму́ блины́.

教材示例 2–11

(三) 联系学生实际生活

对于中学生来讲,课堂教学应尽量联系学生实际生活,既要关注学生的学校和学习生活,也要关注学生的个人生活、家庭生活和文化生活。贴近生活的学习内容更容易被学生接受和理解,也更容易引发共鸣。现在,很多俄语教材都选用了与学生生活有关的主题内容,教师在教学过程中要通过情境创设、问题和任务驱动等方式,在分析和解决真实情境下的问题过程中发展学生核心素养,逐渐使学生成为拥有中国心、饱含中国情的人,从而实现落实俄语课程育人功能的目标。参考教材示例 2-12(高中必修三 第 67 页)、2-13(高中选择性必修二 第 19 页)。

2. **Найди́те соотве́тствующие доро́жные зна́ки по сле́дующим ситуа́циям.**

1) Когда́ лю́ди ви́дят э́тот знак, им мо́жно переходи́ть у́лицу по подзе́мному перехо́ду.

2) Когда́ лю́ди ви́дят э́тот знак, они́ мо́гут переходи́ть доро́гу по надзе́мному перехо́ду.

3) Когда́ ты е́дешь на велосипе́де и ви́дишь э́тот знак, э́то зна́чит, что да́льше тебе́ е́хать нельзя́.

4) Когда́ мы его́ ви́дим, мы мо́жем ходи́ть в э́том ме́сте, а маши́ны и велосипе́ды не мо́гут е́здить.

3. **Вы зна́ете э́ти доро́жные зна́ки? Что они́ зна́чат? Е́сли не зна́ете, посмотри́те в Интерне́те. А пото́м при по́мощи сло́ва *когда́* скажи́те, что они́ зна́чат.**

教材示例 2-12

5. **Посмотри́те на фотогра́фии. Э́то кита́йские национа́льные ви́ды спо́рта. Вы занима́етесь каки́м-нибудь из э́тих ви́дов спо́рта? Расскажи́те, каки́е кита́йские национа́льные ви́ды спо́рта вы ещё зна́ете. Найди́те информа́цию в Интерне́те.**

教材示例 2-13

（四）落实育人目标评价

俄语课程的评价要创新评价方式,以恰当的形式测评学生对现实生活中情感、道德、价值以及审美现象的领悟能力、解释能力和批判能力,考查学生综合运用所学知识解决现实问题的能力,要强调测评的真实性和情境性。核心素养的测评要强调问题和情境,研发基于问题情境的试题形式。这一评价思路同样适用于育人评价,对构建育人评价体系具有指导意义。参考教材示例 2-14（高中选择性必修四 第 7 页）。

8. Обсуди́те в кла́ссе «Как пра́вильно вести́ себя́ с роди́телями?». Опиши́те рису́нки по образцу́.

Что ну́жно/ на́до де́лать?	К роди́телям ну́жно относи́ться с уваже́нием. На́до люби́ть, уважа́ть и понима́ть свои́х роди́телей. На́до интересова́ться семе́йными тради́циями. Именно с интере́са к исто́рии семьи́ начина́ется уваже́ние к ста́ршим, к роди́телям.
Что нельзя́ де́лать?	Нельзя́ ссо́риться с роди́телями. Нельзя́ обма́нывать роди́телей.
Сове́т	Если вам тру́дно приня́ть реше́ние, попроси́те сове́т у роди́телей. Им бу́дет о́чень прия́тно. Стара́йтесь не забыва́ть сообща́ть роди́телям о собы́тиях в свое́й жи́зни. По́мните о пра́здниках ба́бушек, де́душек и роди́телей. Поздравля́йте их и дари́те им пода́рки.

教材示例 2-14

普通高中俄语教科书中专门设置了"当……时/在……地点你如何正确做事"的问题,例如如何正确与父母相处、乘坐公共交通工具时如何正确表现自己等。以教材示例2-14中提供的练习为例,学生通过功能句式"Что нужно/надо делать?""Что нельзя делать?"学习"应该做什么"和"禁止做什么"的表达方式,针对具体情况提出建议。随后基于图片,运用所学句式进行口语表达和写作练习。这一练习将语言学习和道德培养有机结合,在实际问题情境中锻炼了学生的俄语表达能力,帮助他们树立正确的价值观。对于教师而言,通过这道题既能考查学生的知识掌握情况,还可间接地了解学生的是非判断能力、价值观以及对于伦理道德的认识,从而可以及时做出调整和干预。

四、落实育人目标的教学建议案例

课例名片

年　　级：高中二年级

执 教 者：济南外国语学校　苏楠

教学内容：人教版　普通高中教科书　俄语

选择性必修第三册　第2课

Наша Родина — Китай

一、教材内容分析

本单元是人教版普通高中教科书"俄语选择性必修三"第二单元，围绕主题单元《Наша Родина — Китай》（我们的祖国——中国）展开教学活动。本单元包含丰富的多模态语篇，以图片、对话、短文形式介绍了中国和城市北京。通过本单元的学习，学生能够通过参与听、说、读、写、看等活动，在教师引导下对比、梳理、归纳高中已学相关知识，锻炼自己的俄语综合语言运用能力。

二、学情分析

学生已学习第一单元《Россия》（俄罗斯），了解了可从国土面积、人口、气候、自然、文化等方面介绍国家。学生通过必修第三册教材和选择性必修第二册教材的学习，掌握了介绍中国节日、自然、饮食、名胜古迹、国民运动、艺术、文化的词汇和句式。语法方面，学生已经掌握带连接词что 的说明从句的主从复合句。根据学生已知内容，结合本单元教学内容，考虑学生俄语水平的差异性，授课时应该循序渐进，设置不同层次的练习任务。此外，采用每课时结尾学生自行复盘的形式，引导学生完成每课时的自评，养成每单元结束进行梳理的学习策略。

三、学习目标

为培养学生俄语学科核心素养,发展学生俄语综合语言运用能力,根据《普通高中俄语课程标准(2017 年版)》,结合本主题单元的内容,从语言能力、文化意识、思维品质和学习能力四个维度设定学习目标,每个学习目标下对应子学习目标,即单个课时学习目标。

备注:主题单元学习目标囊括课程标准的四个维度,单个课时学习目标侧重一个维度或几个维度。换言之,学生只有通过一个主题单元的完整学习,自身语言能力、文化意识、思维品质和学习能力才能得到综合培养,单个课时的学习无法做到面面俱到,必须要有侧重点。

主题单元学习目标:

1. 语言能力:听懂与主题单元《Наша Родина — Китай》(我们的祖国——中国)相关的语篇,完成口语交际或书面作答任务;围绕主题单元,利用掌握的语音、词汇、语法和功能句式进行表达;读懂与主题单元相关的语篇,完成任务;以《我的祖国》为题,书写作文。

1.1 掌握本单元词汇,特别是动词 добиваться//добиться, заботиться//позаботиться, исполняться//исполниться, украшать//украсить, служить 的接格关系。(第 1 课时)

1.2 听懂关于天安门广场的对话,能够运用俄语介绍天安门广场。(第 2 课时)

1.3 掌握带说明从句的主从复合句(关联词 что, кто 和连接词 чтобы),运用连接词 чтобы 给想要了解中国文化价值、国家体育运动、北京公园、中医、中国节日和中国饮食的俄罗斯朋友提供建议。(第 3 课时)

1.4 读懂介绍中国的短文,能够提炼短文提纲,从中国在地图上的位置、多样的气候、丰富的资源、悠久的历史和文化以及统一的多民族国家五个方面进行转述。(第 4 课时)

1.5 读懂外国人描写中国人性格的短文,能够用俄语阐述自己的观点,表达中俄两国的交际礼仪。(第 5 课时)

1.6 听懂关于长城的对话。能够运用俄语介绍长城,简单介绍京剧。(第6课时)

1.7 读懂根据方志敏《可爱的中国》改编的俄文译本,掌握文中介绍中国特点的四个基本句子,了解文章结构。(第7课时)

2. 文化意识:知道天安门广场的意义;知道如何与俄罗斯客人正确交流;体会家国情怀,具有"用俄语讲述中国故事"的自信。

2.1 知道9月30日为国家烈士纪念日,向人民英雄纪念碑敬献花篮。(第2课时)

2.2 知道不同场合对应的交际用语,懂得就餐、做客和送礼时的基本礼仪。通过对比中俄两国的交际礼仪体会中俄两国文化的异同。(第5课时)

2.3 通过《可爱的中国》俄文译本,体会作为中国人的骄傲之情,思考应为祖国做些什么。(第7课时)

3. 思维品质:能够整合已经掌握的语言知识,在实际情境中应用实践。

3.1 能够回忆起必修第三册和选择性必修第二册中介绍中国节日、自然、国民运动、饮食、名胜古迹、艺术、文化的词汇和句式。(第1课时)

3.2 能够将上一单元所学介绍俄罗斯红场的句型与本单元介绍中国天安门广场的句型进行迁移。(第2课时)

3.3 能够对比中国和俄罗斯两个国家的异同,如虽然两国的地理位置、人民喜欢的节日以及人口数量不同,但在资源、气候、野生动物、国家文化方面具有相同特点。(第4课时)

3.4 能够结合介绍天安门广场、长城的结构和句式,简单介绍故宫、颐和园、北京首都博物馆、天坛、中国国家博物馆和鸟巢国家体育场。(第5课时)

4. 学习能力:具有良好的学习习惯,能够认真预习,注意总结,也可以通过合作学习和借助互联网解决问题;能够借助思维导图梳理和记忆重点知识。

4.1 每课时结尾时,能够在复盘过程中大体了解对当堂课的掌握情况。

4.2 完成小组合作任务:为俄罗斯小伙伴制定北京3日游的行程安排。

四、教学设计

讲授本课计划分为 8 个课时:

课 时	课 型	内 容
第 1 课时	词汇课	单词教学 回顾已学知识
第 2 课时	听说课	对话:天安门广场
第 3 课时	语法课	语法:带说明从句的主从复合句(关联词 что, кто 和连接词 чтобы)
第 4 课时	阅读课	短文:中国(概况)
第 5 课时	阅读课	短文:中国人的性格
第 6 课时	听说课	对话:长城
第 7 课时	阅读课	短文:可爱的中国
第 8 课时	实践课	展示为俄罗斯小伙伴制定的北京 3 日游行程安排,班内选拔优秀方案

Занятие 1   词汇课

教师活动	学生活动	活动意图
一、新课导入 (Вводная часть)	Ученики отвечают на вопросы: Какие слова они могут вспомнить, когда видят слово «КИТАЙ»? Ученики узнают, с чем ассоциируется Китай у российской молодёжи. Учитель показывает цель данного урока. (Всего 7 уроков)	1. 学生通过单词联想,调动与所学主题«Моя Родина — Китай»有关的词汇。 2. 学生通过来源于«Международное радио Китая»的问卷结果,了解到俄罗斯青年看到单词 Китай 会联想到 Дракон, Кунфу, Чай, Пекин, Конфуций, Панда 等词。 3. 教师展示本单元学习目标,共7课时,明确学生学习后需要进行的任务——为俄罗斯伙伴拟定一份北京 3 日游的行程。

续表

教师活动	学生活动	活动意图
二、新课呈现 （Новый урок）	1. Ученики читают новые слова. 2. Ученики отвечают на вопросы учителя.	1. 学生正确拼读生词表中的单词。 2. 学生能理解生词表中单词的意思，记住其用法。 3. 学生记住动词 добиваться//добиться чего, заботиться//позаботиться о ком-чём, исполняться//исполниться, служить кому-чему 的变位及其接格关系, 形容词 готовый 的用法。
三、应用实践—— 组词造句 （Применение и практика）	Ученики составляют словосочетания и предложения из новых слов.	学生在老师的引导下，用新学单词组词造句，进行多方位练习。 注：部分词组出自课文，学生可以提前感知，如 праздник Фонарей, торжественная церемония, выступление клоунов в цирке, китайский иероглиф, национальный вид спорта, густые леса, всей душой гордиться, непарное количество, гордость и слава, исполнять мужскую роль, украшать дом красными фонариками, чудесная одежда, золото и серебро, живописная природа, служить Родине, официальный язык, активное взаимодействие, экономический центр страны。
四、应用实践—— 翻译句子 （Применение и практика）	Ученики переводят предложения на русский язык.	
五、拓展延伸 （Развитие）	Ученики работают в группах, рассказывают о Китае с разных сторон.	学生小组合作，抽签从不同的方面介绍中国。学生在此过程中可以回忆旧知识，为接下来的学习做铺垫。学生在老师的引导下梳理已学过的"用俄语介绍中国"的相关知识。
	中国：自然、节日、饮食、健康、艺术和文化、旅游和休闲	
六、作业布置 （Домашнее задание）		1. 学生预习第27页练习1。 2. 学生通过课后作业，巩固所学单词，加深理解，并正确运用。 2. 复习拓展延伸环节中的图片所涉及的文本内容。

Занятие 2　听说课

教师活动	学生活动	活动意图
一、新课导入 （Вводная часть）	Ученики смотрят на картину и рассказывают, что на картине. Что на картине? Где находится это место? Что люди делают на этом месте?	学生看图片，描绘图片的内容。引出本节课内容《площадь Тяньаньмэнь》。
	活动1 Ученики прослушают диалог и определят «Да или нет». 活动2 Ученики отвечают на вопросы о важных словах и выражениях. 活动3 Ученики прочитают диалог и закончат предложения.	1.学生课下已经预习对话，通过听对话再次回忆对话内容，判断主要信息表述是否正确。老师检验学生课下预习效果。 2.学生在老师的引导下掌握重点词汇和表达方式。
二、新课呈现 （Новый урок）	活动1 （1）Тяньаньмэнь — это главная площадь не только Пекина, но и нашей страны. （2）Тяньаньмэнь меньше Красной площади. （3）Тринадцатого сентября наша страна отмечает День памяти павших героев. （4）Церемония поднятия флага Китая происходит рано утром на этой площади. （5）Иностранцы очень хотят послушать обо всём-всём в Пекине. 活动2 （1）памятник кому-чему　Памятник народным героям （2）отмечать кого-что　День памяти павших героев （3）торжественная церемония （4）поднять флаг Китая　поднятие флага Китая （5）происходить//произойти 活动3 （1）Тяньаньмэнь — это… （2）Площадь Тяньаньмэнь — это… （3）В центре площади находится… （4）На площади Тяньаньмэнь рано утром… 答案： （1）главная площадь Пекина в нашей страны （2）самая большая площадь в мире （3）Памятник народным героям （4）происходит торжественная церемония поднятия флага Китая	

续表

教师活动	学生活动	活动意图
三、应用实践（Применение и практика）	Ученики сравнят площадь Тяньаньмэнь с Красной площадью.	学生灵活运用本课所学词汇和表达方式介绍天安门广场和红场。通过本环节，学生能够将上一单元所学介绍红场的句型与本单元介绍天安门广场的句型进行迁移。老师通过生生互评、师生互评掌握学生学习效果。
四、拓展延伸（Развитие）	Ученики описывают картину «парк Ихэюань».	学生灵活运用介绍天安门的框架结构介绍颐和园（文本出现在选择性必修二第2课第30页）
五、作业布置（Домашнее задание）		学生通过课后作业，对本堂知识点进行巩固，加深理解。

Занятие 3　语法课

教师活动	学生活动	活动意图
一、新课导入（Вводная часть）	Ученики узнают цель данного урока. （1）带连接词 чтобы 的说明从句 （2）带关联词 что 的说明从句 （3）带关联词 кто 的说明从句	学生知晓本节课学习目标，了解应该掌握的语法知识，带着任务参与学习活动。
二、新课呈现（Новый урок）	活动1 Ученики сравнят предложения и заметят разницу слова «что». 活动2 Ученики выучат новый пункт грамматики (带关联词 что 和 кто 的说明从句). 活动3 Ученики переведут предложения. 活动4 Ученики прочитают примеры-предложения в учебнике и обобщат, как употреблять союз «чтобы».	1. 学生通过自主学习，复习已学语法知识（带连接词 что 的说明从句），发现 что 在句中的作用：连接词或关联词，为学习带关联词 что 和 кто 的说明从句做铺垫。 2. 学生学习新的语法点（带关联词 что 和 кто 的说明从句）。 3. 学生通过翻译句子强化对新学语法知识的理解。 4. 学生阅读教材语法栏中的例句，总结连接词 чтобы 的使用。

续表

教师活动	学生活动	活动意图
二、新课呈现 （Новый урок）	活动 1 （1）Ты помнишь, что мы ели вчера на ужин? （2）Антон сказал, что надо купить в магазине. （3）Мама сказала, что сегодня бабушка придёт в гости. （4）Папа сказал, что нужно подарить маме на 8 марта. （5）По телевизору передали, что завтра будет сильный дождь. （6）Иван сказал, что ты заболел. （7）Учитель сказал, что завтра не будет уроков. （8）Олег написал, что Китай навсегда останется в его сердце. 活动 2 带关联词 что 和 кто 的说明从句 带关联词 что 和 кто 的说明从句说明主句中表示言语、思想、直观感受的词语。关联词 что 和 кто 有性、数、格的变化。 活动 3 （1）Витя знает, о чём мечтает его сестра. （2）Слышно, что там они говорят. （3）Надо узнать, кто с нами поедет на Великую Китайскую стену. （4）Мы знаем, что в Пекине много интересных мест. （5）Ли Мин рассказал, что стоит посмотреть в Пекине. （6）Ты не знаешь, чем Миша увлекается? （7）Учитель очень рад, что все ученики сдали экзамен. （8）Как ты думаешь, кто говорит по-русски лучше в группе? （9）Ты помнишь, кому я дал мою книгу? （10）Врач не знает, чем болен пациент. （11）Мария не знает, что приготовить на ужин. 活动 4 （1）Мы хотим, чтобы Антон посмотрел интересные места в Китае. （2）Нужно, чтобы Нина побывала на Великой Китайской стене. （3）Саша просит, чтобы ты рассказал ему о географии Китая. 带连接词 чтобы 的说明从句内容为希望实现的事，一般用来说明主句中表示希望、请求、建议、喜好、厌恶的词。主体不一致时，从句中的谓语用过去时形式。	
三、应用实践 （Применение и практика）	Ученики выполняют упражнение 3 на странице 29. В парах составьте и разыграйте диалоги по образцу. Дайте советы русским друзьям, которые хотят узнать о Китае.	

续表

教师活动	学生活动	活动意图
三、应用实践（Применение и практика）	Образец：Нина хочет узнать о китайском искусстве. — Как можно помочь Нине о китайском искусстве? — Нужно, чтобы Нина пошла в Музей изобразительных искусств посмотреть традиционную китайскую живопись гуохуа. / Нужно, чтобы Нина пошла в Большой театр имени Мэй Ланьфана послушать пекинскую оперу.	学生向俄罗斯朋友提出建议，通过何种方式了解中国的方方面面。在实际情境中，学生巩固了带连接词чтобы 的说明从句的使用。
选学	Упражнение на странице 28. В парах составьте и разыграйте диалоги по образцу. Спросите у русских школьников, о чём они просят или что они хотят. Образец：Саша просит рассказать ему о географии Китая. — О чём просит Саша? — Саша просит, чтобы ты рассказал ему о географии Китая.	
四、拓展延伸（Развитие）	Ученики прочитают отрывки из сочинений русских школьников и ответьте на вопросы. （упражнение 4 на странице 29） （1）Что всю жизнь будет помнить Олег? （2）Что навсегда останется в его сердце? （3）Что никогда не забудет Олег? （4）Что понравилось Саше в Китае? （5）Кто ему понравился больше всего? （6）Кого нашёл себе Саша? （7）Как вы думаете, почему ребятам так понравился Китай?	学生通过阅读文本加深对说明从句的理解。了解外国人最喜欢中国的哪一方面。 老师强调表达方式： что/кого помнить всю жизнь что/кто навсегда останется в моём сердце никогда не забуду что/кого

续表

教师活动	学生活动	活动意图
五、总结 （Обобщение）	Кто не побывал на Великой Китайской Стене, тот не добрый молодец. 学生通过回顾"不到长城非好汉"这句谚语,总结本课所学语法知识。 备选谚语: Не откладывай на завтра то, что можно сделать сегодня. Кто не умеет отдыхать, тот не умеет работать. （французский философ Декарт） Не всё то золото, что блестит. Хорошо смеётся тот, кто смеётся последним. Рисовать лепёшки, чтобы утолить голод. Не бойся, что сказал, бойся, что плохо сделал. Кто хочет, тот добьётся.	
六、作业布置 （Домашнее задание）	1. Напишите упражнение 5 на странице 30. Выберите нужное слово и напишите его в правильной форме. (кто, что, чтобы) 2. Напишите упражнение 6 на странице 31. Прочитайте текст о Китае. Напишите слова в скобках в правильной форме.	1. 学生通过课后作业,对本堂知识点进行巩固,加深理解。 2. 学生通过31页练习6构形填空完成预习。

Занятие 4　阅读课

教师活动	学生活动	活动意图
一、新课导入 （Вводная часть）	Ученики проверят упражнение 5 на странице 30. Ученики ответят на вопросы: Когда мы рассказываем о Родине, что мы можем говорить? — территория — население — природа и климат — история и культура — национальности	教师通过练习5检查学生对说明从句的掌握情况。 教师根据学生的回答,了解学生预习情况,引出本节课学习内容。

续表

教师活动	学生活动	活动意图
	活动 1 Ученики прочитают текст и определят «да или нет». 活动 2 Ученики исправят свои ответы.	1. 学生课前已经完成构形填空并通读全文，初步掌握语篇大意。教师能够通过学生回答情况，了解学生对语篇的理解程度。 2. 学生纠正填写内容，准确掌握文本，为下一步表述做铺垫。
二、新课呈现 （Новый урок）	(1) Китай находится в Азии. (2) В Китае мало гор, лесов, полей, рек и животных. (3) На севере Китая можно играть в снежки, а на юге можно плавать в море. (4) Малочисленные памятники культуры говорят нам о древней истории Китая. (5) Культура китайцев связана с традиционными национальными праздниками. (6) В Китае проживает пятьдесят шесть национальностей.	
三、应用实践 （Применение и практика）	Ученики составляют план текста. Ученики работают в группах, рассказывают о своей Родине — Китае по плану и элементам.	学生梳理语篇脉络。以小组为单位，根据提纲和元素介绍自己的祖国。
	(1) КНР на карте мира (2) богатая природа Китая (3) разнообразный климат Китая (4) древняя история и культура Китая (5) Китай — единое многонациональное государство	
四、拓展延伸 （Развитие）	Ученики обсуждают следующие вопросы. Какие различия между Китаем и Россией вы можете назвать? Что общего между Китаем и Россией?	学生通过问题，对比中俄的异同，将第1课和第2课内容联系归纳，运用所学句式进行简单表达。
	Какие различия между Китаем и Россией вы можете назвать? Китай находится в Азии, а Россия — не только в Азии, но и в Европе. Самый любимый праздник в Китае — праздник Весны, а в России — Новый год. В Китае проживает много людей, а в России — мало. Что общего между Китаем и Россией? Богатая природа. Разнообразный климат. Редкие животные. Древняя история и культура.	

续表

教师活动	学生活动	活动意图
五、作业布置 （Домашнее задание）	1. Ученики заранее прочитают текст в упражнении 10 на странице 35. Ученики скажут свои мнения. Допишут предложения по тексту и добавят свои ответы. 2. Работайте в группах: Ученики снимут мини-видео (5－8 минут), ответьте на вопросы в упражнении 7 на странице 32.	1. 学生预习第35页练习10,掌握语篇大意,为下节课做准备。 2. 选做作业:小组合作。录制微视频(5—8分钟),回答第32页练习7的问题,介绍自己的祖国。

Занятие 5　阅读课

教师活动	学生活动	活动意图
一、新课导入 （Вводная часть）	Ученики выберут подходящие этикетные слова для картин. Добро пожаловать! Приятного аппетита! Пожалуйста! Благодарю вас! Здравствуйте! Извините меня! До свидания! Спасибо!	学生回顾已经学过的言语礼节表达用语。
二、新课呈现 （Новый урок）	活动1 Ученики выберут подходящие предложения для картин. 活动2 Опишите рисунки по образцу. Надо узнать, кого называть по имени и отчеству, а кого просто по имени. Телефонный разговор должен быть кратким. Нельзя показывать на людей пальцем. Не забывайте поблагодарить русских друзей за поздравление и подарок.	1. 学生选出能够描述图片的句子。对功能句式有初步印象。由于两幅图表述较有难度,因此可以给出范式。 2. 学生通过活动1,依据示例,尝试描述图片内容。

续表

教师活动	学生活动	活动意图
二、新课呈现 （Новый урок）	活动1 Русским нужно дарить непарное количество цветов. В России нельзя дарить парное количество цветов. В России дарите непарное количество цветов. Надо соблюдать этикет за столом. Нельзя класть локти на стол. Не кладите локти на стол во время обеда. 活动2 Нужно вести себя спокойно и вежливо. Нельзя вести себя грубо в гостях. В гостях ведите себя вежливо, используйте этикетные слова и выражения. Надо соблюдать этикет за столом. Нельзя класть локти на стол. Не кладите локти на стол во время обеда.	
三、应用实践 （Применение и практика）	Ученики прочитают текст и выполнят задачи. 活动1 Ученики прочитают текст и определят «да или нет». 活动2 Ученики читают предложения по тексту, который уже написали дома.	学生阅读短文，完成系列任务，了解外国人眼中中国人的性格。 活动1：教师通过学生回答了解学生对语篇的理解情况。 活动2：学生通过续写句子总结出与中国人交往时应该做与不应该做的事情。 强调词组 здороваться//поздороваться за руку 握手问好 подать кому руку 向……伸出手（去握手）

续表

教师活动	学生活动	活动意图
三、应用实践 （Применение и практика）	活动 1 （1）Иностранцы считают, что китайцы любят принимать гостей. （2）В Китае не принято здороваться за руку с женщиной. （3）У русских принято обниматься при встрече с друзьями и близкими. （4）В Китае за столом первым начинает есть уважаемый гость. （5）Когда китайцы идут в гости, они приносят с собой еду в качестве подарка. （6）Обычно гости съедают эту еду вместе с хозяином дома. （7）Китайцы любят отмечать дни рождения. 活动 2 В Китае принято： （1）Когда встречают гостей, _____. （2）Когда гости уходят, _____. （3）Когда китайцы идут друг к другу в гости, _____. （4）… В Китае не принято： （1）Дарить непарное количество _____. （2）При встрече, в отличие от русских, китайцы не _____. （3）…	

	学生活动	活动意图
四、拓展延伸 （Развитие）	Ученики выполнят упражнение 9 на странице 34, скажут, принято или не принято так делать в Китае и в России.	学生通过该练习,掌握更多中俄交往礼节的俄语表达方式。 关于中国人的性格,学生可以说关键词。

Поведе́ние	При́нято и́ли не при́нято	
	в Кита́е	в Росси́и
приходи́ть в го́сти без пода́рка	не принято	не принято
гро́мко разгова́ривать в тра́нспорте	не принято	не принято
е́здить в тра́нспорте с соба́кой	не принято	принято
ходи́ть до́ма в у́личной о́буви	не принято	не принято
дари́ть цветы́ мужчи́нам	не принято	не принято
спра́шивать, ско́лько лет же́нщине	не принято	не принято
смотре́ть лю́дям в глаза́, когда́ разгова́риваешь с ни́ми	принято	принято
брать еду́ за столо́м рука́ми	не принято	не принято
здоро́ваться за́ руку	принято	принято
опа́здывать на встре́чу	не принято	не принято

续表

教师活动	学生活动	活动意图
五、作业布置 （Домашнее задание）	1. Ученики заранее прочитают диалог на странице 36, выполнят упражнение 2) на странице 37. 2. Ученики допишут диалог упражнения 13 на странице 39. 3. Ваш русский друг собирается в первый раз приехать в Китай путешествовать. Напишите советы, как правильно вести себя во время общения с китайцами.	1. 学生预习第36页对话,思考2)的问题。为下节课做准备。 2. 学生完成第39页练习13的续写对话。 3. 学生通过书面作业,巩固言语礼节和功能句式,为最终的项目呈现积累语言素材。

Занятие 6　听说课

教师活动	学生活动	活动意图
一、新课导入 （Вводная часть）	Ученики смотрят на картину и рассказывают, что на картине. （рис. 1）	学生看图片,描绘图片的内容。引出本节课内容《Великая Китайская стена》。明确学习目标: Наша цель: Узнать, как рассказать о Великой Китайской стене по-русски. Дать советы российским школьникам, что можно посмотреть в Пекине。
二、新课呈现 （Новый урок）	活动1 Ученики прослушают диалог и ответят на вопросы. （1）Зачем строили Великую Китайскую стену? ОТВЕТ: Великую Китайскую стену строили, чтобы защищать страну от врагов. （2）Сколько лет самым старым участкам Великой Китайской стены? ОТВЕТ: Самым старым участкам Великой Китайской стены более двух тысяч лет.	1. 学生课下已经预习对话,通过听对话再次回忆对话内容。通过回答两个关键问题,强化《Это надо знать!》的重要内容。老师通过该活动检验学生课下预习效果。 2. 学生分角色朗读对话,其他同学纠正语音语调。学生通过回答2)的问题加深对长城的认识,为下一步表述奠定基础。 3. 学生通过问题掌握对话的结构。 4. 学生看屏幕纠正自己的答案。对话《京剧》,学生课下已经做好预习工作,完成对话续写。该活动能够丰富对中国文化素材的介绍。

续表

教师活动	学生活动	活动意图
二、新课呈现（Новый урок）	活动2 Ученики прочитают диалог по ролям. Остальные ученики проверят произношение и интонацию. 活动3 Ученики отвечают на вопросы на странице 37. 活动4 Ученики посмотрят на экран и исправят свои ответы. Диалог о Пекинской опере. (упражнение 13 на странице 39)	
三、应用实践（Применение и практика）	Ученики работают в парах: выберут одну из картин и составят диалог по образцу упражнения 12 на странице 37. (в том числе — Большой театр имени Мэй Ланьфана)	学生灵活运用本课所学词汇和表达方式，任选一幅图片组成对话(包括梅兰芳大剧院)。老师通过生生互评、师生互评掌握学生学习效果。
四、拓展延伸（Развитие）	Ученики прочитают описание о этих местах.	老师补充对于上述地点的介绍，学生阅读，扩充知识储备。
五、作业布置（Домашнее задание）	Ученики заранее прочитают текст на странице 42, выполнят упражнение 3—1）, 2） на странице 43.	学生预习第42页课文，完成第43页的练习3的1)、2)，为下一步学习做准备。
教学资源	见人教版 高中俄语选择性必修三 第37页	Великая Китайская стена
	见人教版 高中俄语选择性必修三 第38页	Музей Гугун Бывший дворец китайских императоров. Самый большой дворцовый комплекс в мире. Находится в центре Пекина.
	见人教版 高中俄语选择性必修三 第38页	Парк Ихэюань Летний дворец китайских императоров. Его начали строить в 1750 году. Это шедевр паркового искусства.

续表

教师活动	学生活动	活动意图
教学资源	见人教版 高中俄语选择性必修三 第38页	Столичный музей Пекина Там можно познакомиться с древней историей и культурой Пекина. В музее можно увидеть очень редкие и ценные предметы древнего быта пекинцев.
	见人教版 高中俄语选择性必修三 第38页	Храм Неба Это один из символов Пекина. Единственный храм круглой формы в городе. Его построили в 1420 году.
	见人教版 高中俄语选择性必修三 第38页	Национальный музей Китая Крупнейший музей страны. Находится рядом с площадью Тяньаньмэнь. В музее хранится более миллиона ценных предметов.
	见人教版 高中俄语选择性必修三 第38页	Стадион «Птичье гнездо» Там проходило открытие летних Олимпийских игр 2008-ого года. У стадиона необычная форма, она напоминает птичье гнездо.
	见人教版 高中俄语选择性必修三 第39页	Большой театр имени Мэй Ланьфана Этот театр носит имя Мэй Ланьфана. Здесь часто можно увидеть знаменитых мастеров и отрывки из спектаклей пекинской оперы.

Занятие 7 阅读课(平行阅读)

教师活动	学生活动	活动意图
一、新课导入 (Вводная часть)	Ученики поставят элементы плана в правильную очередь. ①Климат Китая ②Территория Китая ③Природа Китая ④ Творческие силы китайского народа: прошлое и будущее	学生课下已经预习短文,对内容有初步了解,可以通过提纲排序帮助学生回顾文章主要结构,引出本节课教学内容。
二、新课呈现 (Новый урок)	活动1 Ученики выполнят упражнение 3 2) на странице 43. 活动2 Ученики выполнят на полях. Прочитают объяснение учителя и проверят себя. подобен теплу: рука об руку: не за горами: 活动3 Ученики выполнят упражнение 3 1) на странице 43. Допишут следующие предложения и переведут на китайский язык.	1.学生课下已经预习短文,完成判断主要信息表述是否正确的练习。通过该活动,学生能够纠正有理解偏差的知识点,老师亦能了解学生对短文的理解情况,检验学生课下预习效果。 2.学生在老师的引导下理解课标规定外的生词和俗语,为下一步讨论扫清障碍。 3. 学生按照课文续写句子,尝试将句子翻译成汉语以加深理解,教师给出参考译文。 备注:根据练习删减后的4个句子学生可以应用于日后写作和表达中。
	活动1 (1) О природном газе. (2) О климате Китая. (3) О красоте китайской природы. (4) Об истории китайского государства. (5) О том, чем известен Китай. (6) О китайском языке. (7) О золоте и серебре Китая. (8) О культуре китайского народа. 活动2 подобен теплу: Климат Китая похож на тепло материнского тела. рука об руку: Китай пойдёт вперёд вместе со всеми странами. не за горами: Славный день скоро наступит. 活动3 (1) Китай — это мать, которая родила и выросла нас. 中国是生育我们的母亲。 (2) Китай лежит в тёплом поясе, в котором не слишком жарко и не слишком холодно. 中国处于温带,不是很热,也不是很冷。	

续表

教师活动	学生活动	活动意图
二、新课呈现 （Новый урок）	（3）Мы верим, что перед Китаем обязательно откроются великие и широкие горизонты. 我们相信，中国一定有个伟大和光明的前途。 （4）Ещё в очень древние времена китайская нация построила Великую Китайскую стену и каналы в тысячи ли. 中华民族在很早以前，就造起了一座万里长城和开凿了几千里的运河。	
三、应用实践 （Применение и практика）	Фан Чжимин выражает свою любовь к Родине, он сравнивает Родину с матерью. Ученики найдут 4 предложения, которые касаются нашей Родины-матери. Ученики прочитают перевод этих предложений и почувствуют различие между китайским и русским языками.	方志敏表达了对祖国的爱，将祖国比作母亲。短文中一共有4句话提到了祖国母亲。学生通过寻找句子，阅读翻译，能够体会中俄两国语言在表达时的异同，感受翻译的魅力。
	（1）Климат Китая подобен теплу материнского тела: в нём могут хорошо расти и развиваться дети. 中国的气候好像我们母亲的体温，最适宜于孩子们的成长。 （2）В Китае много известных гор, полноводных рек, больших и малых озёр — всё это как прекрасное тело нашей здоровой матери. 中国有许多有名的崇山大岭，长江巨河，以及大小湖泊，岂不象征着我们母亲健美的身躯。 （3）Наша Родина-мать похожа на прекрасную красавицу, которая вызывает у нас чувство любви. 我们的祖国母亲像一个天姿玉质的美人，引人爱慕。 （4）Наша мать украсит себя чудесной одеждой и пойдёт вперёд рука об руку со всеми матерями мира, как равная с равными. 我们的母亲将用最美丽的衣服装饰自己，与世界上所有的母亲平等地携手前行。	
四、拓展延伸 （Развитие）	Ученики прочитают перевод предложения автора. Ученики обсуждают, что мы можем делать для Родины-матери?	学生在理解短文、掌握短文中心思想的前提下，开展讨论：我们应该为祖国母亲做些什么？ 我们作为中国人，有何种自豪感？

续表

教师活动	学生活动	活动意图
五、总结 （Обобщение）	Друзья, я уверен, что придёт время, когда везде и всюду закипит творческая работа, и мы ежедневно будем добиваться нового и всё большего прогресса. Тогда наша нация сможет с гордостью смотреть в лицо человечеству. 朋友们，我相信，终有一天到处都是创新，到处都是日新月异的进步。这时我们的民族就可以骄傲地站在人类的面前。	
六、作业布置 （Домашнее задание）	回顾梳理所学知识，通过小组合作的形式为俄罗斯小伙伴制定北京3日游的行程安排。	

第二节　俄语课程标准概述

在新中国成立以来的70多年里，我国基础教育课程经历了8次重大改革，历次改革之中都有俄语课程改革的身影，对俄语教育的发展至关重要。现行课程方案和课程标准已分别实施了20年和10年之久，有必要进行进一步的修订完善。在国家教材委及其专家委员会的指导下，《普通高中俄语课程标准》和《义务教育俄语课程标准》修订工作分别于2014年和2019年正式启动。经过努力，普通高中和义务教育俄语课程标准终于完成修订并通过了系列审议审核，分别于2017年和2022年正式颁布执行，其中《普通高中俄语课程标准》在2020年又进行了修订。

《普通高中俄语课程标准（2017年版）》首次提出了俄语学科核心素养的概念，指出其包括语言能力、文化意识、思维品质和学习能力。《义务教育俄语课程标准（2022年版）》也是围绕核心素养来凝练课程理念，设置课程目标，规定课程内容和学业质量要求，提出课程实施建议的。核心素养是课程标准修订中最为关键的理念之一，因此培养学生的俄语学科核心素养是中学阶段俄语课程的首要目标。课程目标最突出的目的，是让学生在接受相应学段俄语课程教育的过程中，逐步形成适应终身发展和社会发展需要的必备品格、关键能力和价值观念，凸显出俄语课程的育人价值。

一、《普通高中俄语课程标准(2017 年版)》修订总体说明

(一)新中国成立 70 年来中学俄语教学思想的继承

从 1956 年开始至今,俄语教学大纲、课程标准(普通高中)经过十几次重大变革,现只对四次有重大意义和标志性的变革做对比(如表 2-1 所示)。

表 2-1　1956—2022 年颁布的中学俄语教学大纲、课程标准

理　念	年　代	规　　定	内　　容
双基	1956	高级中学俄语教学大纲(草案)	知识(听、说、读、写、译)和技能
三维	2000	全日制普通高级中学俄语 教学大纲(试验修订版)	知识与技能　过程与方法 情感态度价值观
综合语言 运用能力	2003	普通高中俄语课程标准(实验)	语言知识　语言技能 情感态度　学习策略 文化素养
学科核心 素养	2017	普通高中俄语课程标准	语言能力　文化意识 思维品质　学习能力

(二)《普通高中俄语课程标准(2017 年版)》修订要素分析

《普通高中俄语课程标准(2017 年版)》(以下简称"2017 年版课标")是在 2003 年版普通高中俄语课程标准的基础上修订的,2014 年 12 月正式启动修订工作,2017 年 12 月正式颁布实施。

1. 修订依据

(1)党的十八大和十九大关于立德树人的要求;(2)《教育部关于全面深化课程改革 落实立德树人根本任务的意见》;(3)国家《普通高中课程方案》;(4)中国学生发展核心素养体系总框架及其内涵指标;(5)《国务院关于深化考试招生制度改革的实施意见》;(6)根据时代发展、学科发展的要求,人才培养的国际新动向。

2. 修订基础

（1）依据高中俄语教育课程改革所取得的成绩以及存在的问题；（2）依据时代发展对高中俄语教育教学提出的新要求、新挑战；（3）依据学生发展的核心素养要求，结合学生实际和俄语学科特点。

3. 修订特点

（1）体现党和国家的基本要求；（2）体现高中俄语教育的国际发展趋势；（3）体现学科核心素养发展的导向；（4）体现全面而有个性发展的需求；（5）体现内容的时代性、基础性、选择性和关联性；（6）体现指向学科核心素养发展的学业质量和考试评价标准的要求；（7）体现好用管用的可操作性原则。

4. 内容的变化与突破

2017 年版课标深入总结了我国多年课程改革的宝贵经验，充分借鉴了国际课程改革的优秀成果，同时也针对俄语课程改革实践中存在的问题，进行了修订和完善。

（1）重新修订课程性质与基本理念。针对课程性质的修订，突出工具性和人文性相融合的基础课程的特点。课程理念部分增加：聚焦俄语学科核心素养，落实立德树人根本任务；面向全体学生，设计多层次课程结构；倡导活动教学，构建合理课程内容体系；完善评价体系，关注学生个性发展。

（2）凝练学科核心素养，明确课程目标（如图 2-1 所示）及课程性质。围绕新时代党和国家对基础教育人才的培养要求，落实立德树人根本任务，转变俄语学科育人理念，全面提高学生综合素质，凝练出语言能力、文化意识、思维品质和学习能力核心素养要素。使学生在综合运用语言能力的基础上，成为具有开阔的国际视野和跨文化交际能力、开放的文化心态、坚定的中国情怀和文化自信的人；同时丰富其认知体系，加深对中国文化和俄罗斯文化的认识和理解，培养多元的思维方式和创新思维能力，树立人类命运共同体意识。

·图 2-1 课程目标结构图(2017 版)

（3）聚焦学科育人功能,构建学科课程结构。2017 年版课标明确必修部分与选修部分具有不同的课程特点和育人功能,遵循多样化、多层次的设计理念,设计必修与选修相结合的课程结构。普通高中俄语课程由必修(俄语 1、俄语 2、俄语 3)、选择性必修(俄语 4、俄语 5、俄语 6、俄语 7)、选修三类课程构成。必修课程使学生获得必要的语言知识和言语技能,达到高中毕业水平。选择性必修课程是必修课程的延伸,旨在进一步培养学生的俄语学科素养,使之具备用俄语参加高考的水平。选修课程分为提高类课程和拓展类课程,关注学生个体差异,满足学生不同需求,促进学生多元发展。普通高中俄语课程结构如表 2-2 所示。

表 2-2　高中阶段俄语课程结构

要求 ＼ 类别	必修课程 （6学分）	选择性必修课程 （0—8学分）	选修课程 （0—6学分）
提高要求 ↑			提高类
高考要求 ↑		俄语 7　2学分	拓展类
		俄语 6　2学分	
		俄语 5　2学分	
毕业要求 ↑		俄语 4　2学分	
	俄语 3　2学分		
	俄语 2　2学分		
	俄语 1　2学分		

(4)优化学科内容要求,变革传统教学模式。2017年版课标将课程内容整合为主题、情境、语篇、知识、言语技能和学习策略六个要素,与此同时,主题划分为"人与自我""人与社会""人与自然"三个方面,作为高中阶段学生的学习内容。倡导以学生为中心,依据学生实际情况开展教学活动。主要改变词汇和语法训练的传统教学模式,通过主题创设情境,选择语篇,设计任务,同时提倡交际化、情境化、任务化的教学活动,使学生具备初步的俄语思维能力和创造性思维能力,能够运用多元视角分析和解决问题,充分培养和发展俄语学科核心素养。主题建议如表2-3所示。

表2-3 主题建议

类 别	举 例
人与自我	外貌、性格、情感、健康、兴趣、职业、朋友、住所、家庭;相识、会面、做客、度假、旅行、运动、学习、留学、实习、工作等
人与社会	同学、老师、学校、班级、社团、小组;家乡、祖国、对象国;交通、医疗、保健、餐饮、购物、媒体、网络;历史、文化、文学、艺术、传统、习俗、教育、科技等
人与自然	气候、季节;植物、动物;山川湖海、森林河流、城市乡村、生态环境;宇宙、航天等

2003年版课标的第三部分为"内容标准",依据高中俄语课程总体目标对语言知识、语言技能、情感态度、学习策略和文化素养等五个方面提出必修模块和系列1的四个级别的具体内容标准。

(5)彰显文化自信,树立人类命运共同体意识。文化是一个国家、一个民族的灵魂。文化兴国运兴,文化强民族强。2017年版课标增加了中国文化的内容和俄语语言文化知识以及俄罗斯日常文化知识;彰显了中国特色社会主义文化的价值,突出了社会主义核心价值观和中华优秀传统文化在俄语课程中的贯彻,强调以社会主义核心价值观为导向,不忘本来、吸收外来、面向未来,使学生能够坚守中国文化立场,形成传播中国文化的意识,具有开阔的国际视野和必备的跨文化交际能力。

(6)明确评价目标,完善评价体系。基于核心素养的学业质量标准及研制是新增加的内容,包括学业质量内涵、学业质量水平以及学业质量水平与考试评价的关系等三个方面。主要阐释通过核心素养的培养,学生的学业质量应达到的水平,同时明确了学业水平考试、高考与学业质量等级和核心素养水平等级之间的关系;在评价体系的设计上一以贯之,将形成性评价、学业水平考试及高考有机地结合在一起。形成性评价与终结性评价相结合、定性评价与定量评价相结合、反思性评价与鼓励性评价相结合的评价方式可以达到以评促教、以评促学、以评促改的效果。

(7)改革教学方式,开展活动教学。在教学建议中强调基于俄语学科核心素养和内容结构积极开展以主题和情境为引领的俄语活动教学,培养和发展学生的语言能力及跨文化交际能力,使学生形成多文化意识,为学生的全面发展奠定基础。

(8)基于核心素养的评价与考试命题。在实施建议部分增加了学业水平考试与高考命题建议的内容,所提出的建议聚焦学科核心素养,重视考查学生的价值立场、关键能力和必备品格。同时就学业水平考试与高考命题的评价方法、评价内容、题型给出了具有指导性和可操作性的建议。

2003 版课标第四部分仅提出了评价建议。

二、《义务教育俄语课程标准(2022 年版)》修订总体说明

(一)新中国成立 70 年来中学俄语教学思想的继承

从 1956 年开始至今,俄语教学大纲、课程标准(义务教育)经过十几次重大变革,现只对四次有重大意义和标志性的变革做对比(如表 2-4 所示)。

表 2-4　1963—2022 年颁布的义务教育俄语教学大纲、课程标准

理　念	年　代	规　　定	内　　容
双基	1963	全日制中学俄语教学大纲(草案)	知识(语音、语法)和技能 (阅读、会话、作文)
三维	2001	全日制义务教育俄语课程标准(实验稿)	知识(隐形语法)与技能 过程与方法　情感态度价值观
综合语言运用能力	2011	义务教育俄语课程标准	语言知识　语言技能　情感态度 学习策略　文化意识
核心素养	2022	义务教育俄语课程标准	语言能力　文化意识 思维品质　学习能力

(二)《义务教育俄语课程标准(2022年版)》修订要素分析

《义务教育俄语课程标准(2022年版)》(以下简称"2022年版课标")是在2011年版《义务教育俄语课程标准》的基础上修订的,修订工作于2019年1月正式启动,2022年4月21日教育部举行新闻发布会,《义务教育俄语课程标准(2022年版)》正式颁布,并定于2022年秋季学期开始执行。

1. 修订依据

(1)全面落实中央新精神。明确落实立德树人根本任务,发展素质教育,促进教育公平,提高教育质量,推进教育现代化,培养德智体美劳全面发展的社会主义建设者和接班人。

(2)《义务教育课程方案(2022年版)》。

(3)适应教育发展新形式。随着我国义务教育全面普及,向培养高质量人才的需求转变,必须进一步明确"培养什么人、怎样培养人、为谁培养人"的要求。

(4)积极迎接新时代、新挑战。时代在进步,根据学生成长环境的变化以及俄语学科自身发展的需求,必须深化课程改革。

2. 修订基础

(1)依据义务教育俄语课程改革所取得的成绩以及存在的问题;(2)时代发展对义务教育俄语课程教学提出的新要求、新挑战。

3. 修订特点

(1)贯彻党中央、国务院、习近平总书记关于教育的重要指示;(2)聚焦核心素养发展的导向;(3)对提升课程教材建设治理能力现代化、规范化、科学化的要求更为迫切;(4)体现指向课程核心素养发展的学业质量和考试评价标准的要求;(5)明确安排10%的课时设计跨学科的综合学习;(6)以素养为纲构建学习任务、大观念、大主题,促进育人方式的转变,实现减负增效。

4. 内容变化与突破

(1)突出课程性质和课程理念与设计的引领作用。将课程性质设为第一章内容,明确俄语课程以立德树人为根本任务,明确主题活动内容,体现以学生为主体,推进教与学方式的改革,创新评价内容与方法,促进学生素养全面发展。

(2)俄语课程核心素养与课程目标密切关联。依据俄语课程性质与特点,凝练出包括语言能力、文化意识、思维品质和学习能力等四个核心素养要素(如图2-2所示)。

2011年版课标第二部分为课程目标,包括总目标和分级(共三级)目标两个方面(如图2-3所示)。

图2-2　2022年版课程目标结构图

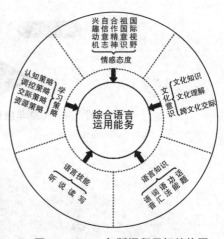

图2-3　2011年版课程目标结构图

(3)基于核心素养的课程内容设计。明确主题、话题、知识、言语技能和学习策略五个要素构成。与此同时,主题划分为"人与自我""人与社会""人与自然"三个方面,在主题范围框架下,凝练出18个话题,作为义务教育阶段学生的学习内容(如图2-4、2-5所示)。

2011年版课标第三部分为分级目标,包括语言技能、语言知识、情感态度、学习策略和文化意识等五个方面,课程内容全部涵盖在其中。

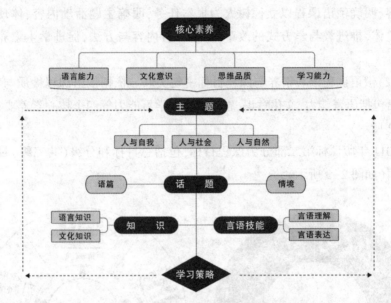

图2-4　2022年版课标内容结构示意图

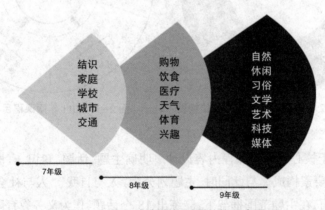

图2-5　2022年版课标话题结构示意图

　　(5)基于核心素养的学业质量标准及研制。增加学业评价部分内容,包括学业质量内涵和学业质量描述两个方面,主要阐释通过核心素养的培养学生的学业质量应达到的水平。

　　(6)基于核心素养、与内容结构化组织相一致的教学方式改革。在教学建议中注重育人方式的变革。基于核心素养的总体要求,从五个方面对教学提出具体要求,包括整合课程内容,提倡活动教学,注重学习过程,开展主题活动、文化专题活动和跨学科学习活动等。

2011年版课标从课程目标出发,将教学建议分为教学原则、主题活动和课时分配三个方面。

(7)基于核心素养的评价与考试命题。增加了考试命题的内容,所提出的评价与考试命题更聚焦课程核心素养,要求以课程内容为参照,以俄语课程核心素养和学业质量为依据,以学生在活动过程中的表现为对象,重视考查学生的价值立场、关键能力和必备品格。

2011年版课标第四部分的"实施建议"中仅提出了评价建议。

新课程标准在课程性质、理念、目标、内容、实施、评价等方面都做了重大创新和突破。围绕俄语核心素养设计和实施的俄语课程,必定会为中学俄语教学打开新局面。教师在丰富而生动的俄语教学实践中,创造性地实施俄语课程标准,将推动中学俄语课程改革不断深化。学生通过课程学习,可以具备国际视野和跨文化交际能力,创新精神和实践能力,主动探究、自主学习和终身学习的能力,为全面发展和终身学习奠定基础。俄语核心素养的落实会为教学打开新的局面,中学俄语教育一定会达到一个新的境界。

三、俄语课程标准在中学俄语教学中有效实施

国家对人才的培养要求以及课程标准理念在中学教育教学中的实践是课程改革的核心环节。课程标准的变化将反映在教师的教育观念、教育方式、教学行为的改变上,因为任何一项课程改革的设想,最终都要靠教师在教学实践中去实现、去完善。因此,基于发展学生俄语学科核心素养的教学实施对教师的专业素养提出了更高的要求。教师要转变教学观念,关注学生俄语学科核心素养的发展,不断提高自身的专业素养,努力适应课程的要求。

(一)更新教育理念,提升专业能力

新课程标准把党和国家提出的立德树人根本任务放在首位,将培养学生俄语学科核心素养贯穿在整个俄语教学中。从各国课程改革的历史看,一些重大的课程改革不能取得最终的成功,问题基本上都出在课程理念与教师行为的转化上。从理念到实践之间有一段艰难的路要走,所以教师要更新教育理念,认真学习,明确教学方向,厘清俄语教学与育人之间的关系。

教师要树立终身学习的理念,不断调整自己的知识结构,积极开展课堂教

学研究,进一步改变教学方式,关注教学过程和教学模式;要做教学改革创新的探索者,总结和提炼发展俄语学科核心素养的方法,提升教学能力;努力提升自身的现代信息技术素养,积极探索运用网络教育资源,提高教学效率;要转变在教学中的角色,使教学成为师生互动交流、共同学习的过程;要使教学走向服务学生俄语核心素养发展的方向,从意义出发,推动深度学习,研读文本,重视情境,梳理主线,构建结构化知识,关注内化提升,迁移创新。

(二)重构课程内容,变革教学模式

课程标准的内容选择遵循基础性、综合性原则,贴近生活,基本符合外语学习的认知规律和俄语的学科特点。内容的广度和深度总体上符合学生的认知特点,内容编排基本切合学生实际。强调单元的教学目标要落在素养上,教学内容的设计与学生学习行为的设计要统一,以学生学习行为的设计为主线,问题或任务为导向,学习项目为载体,统筹考虑。强调任务设计要情境化,即真实情境、真实任务,强调在问题解决的过程中渗透俄语学科思维模式和探究方法,使学生对本学段应掌握的知识、技能结构化,突显学习过程的综合性和实践性。

(三)倡导主题活动,培养俄语素养

2022 年版课标明确倡导主题活动教学,在主题活动中培养学生的俄语学科核心素养。综合语言运用能力主要是在主题活动教学中形成的。围绕主题的内容,从生活出发,由远及近,由浅入深,循环反复,从而提高学生的实际交际能力。教师从原来的脱离情境和语境进行语音、词汇、语法教授转化为对主题、文本、语境的重视和整体把握,同时注意调动学生学习的积极性和主动性,在传授知识和培养能力的过程中,注意培养学生的学习兴趣和良好的学习方法与习惯。主题活动教学可以点亮教师教学智慧,激发学生学习热情,促进学生俄语学科核心素养的形成。

(四)开展活动教学,转变学习方式

俄语活动教学倡导开展交际化、情境化、任务化的言语实践活动。活动设计就是根据情境设计言语交际任务。活动设计应以培养俄语学科核心素养为目标,符合该阶段学生的语言水平和认知水平,激发学生主动参与活动的兴趣,为学生提供思考和探究的空间,使学生在参与活动的过程中主动建构自己的知识体系,提升学习能力。

俄语活动教学将重点放在任务设计上,强调任务应具有交际性和生动性,同时还要有一定的挑战性,能够促使学生为了完成交际任务而主动去开展言语实践活动,将学生作为活动的主体,引导学生自主学习与合作学习。

(五)优化评价方式,促进素养发展

课程标准要求教师转变教学与评价观念,使教、学、评有机结合,避免将三者割裂。课堂评价应贯穿教与学的全过程,教师要积极采用多种方式,全面了解学生的学习状态和进步程度。同时,教师应引导学生学会自我评价,关注和反思自己的学习过程和策略运用。俄语课程评价是俄语学科核心素养水平与学科内容要求的具体化呈现,要考查学生口头理解与表达、书面理解与表达、参与和互动、思维状态和情绪状态等方面的能力。

(六)加大培训力度,保障课程实施

教师对课程标准中倡导的先进理念都比较认同,但将其融入教学实践还有一定困难。首先,教师对于课程标准的理解往往局限在自我认知的基础上,如果没有专家的解读和课程标准培训,对新课程标准的理解可能会不到位。其次,俄语教师的教学方法往往较单一,传统教学方式仍然占据主导地位。所以建议加大对俄语教师解读课程标准的培训力度,促进俄语教师专业发展。通过培训,使俄语教师树立专业信念,理解课程标准对俄语学科的要求,把课程标准中的理论知识转化为教学行动,结合学校和学生的实际,创造性地开展教育教学实践,探索有效的教学方法。把新课程理念转化为坚定的实践行为是促进俄语教师专业发展的有效途径。

基础教育课程标准承载着党的教育方针和教育思想,如何将党的教育方针有机融入俄语教学之中,关注俄语课程的育人功能,怎样探索俄语学科核心素养与课程实施的有效路径,是基础教育领域的重点,也是中学俄语教育教学长期探索的不懈追求。

第三节　核心素养与俄语课程

《普通高中俄语课程标准(2017年版)》与《义务教育俄语课程标准(2022

年版)》均围绕核心素养来凝练课程理念,设置课程目标,规定课程内容和学业质量要求,提出课程实施建议。核心素养是课程标准修订中最为关键的概念之一,而俄语课程是培养学生俄语学科核心素养不可或缺的重要载体。

一、核心素养的演变

2017 年版课标提出了"俄语学科核心素养"这个概念,2022 年版课标采用了"核心素养"这一概念,并使用了"俄语课程要培养的学生核心素养"的表述方式。图 2-6 为我国核心素养的演变过程。

图 2-6　核心素养演变图

2016 年教育部最先公布"中国学生发展核心素养"的概念,是最上位的,包括三个方面六大要素。研制中国学生发展核心素养的目的是全面贯彻党的教育方针,践行社会主义核心价值观,落实立德树人根本任务,培养具有社会责任感、创新精神和实践能力的社会主义合格建设者和可靠接班人。

2017 年教育部组织修订高中阶段各学科课程标准时,要求把培养学生核心素养作为各门课程的首要目标与任务,并提出了一个全新的概念——学科核心素养。学科核心素养强调的是各学科在促进学生核心素养发展过程中的价值和作用。各学科都要结合本学科的特点,促进学生核心素养的发展。俄语学科核心素养的概念就是在这一背景下提出来的。

2022 年版义教课标没有沿用 2017 年版高中课标中"学科核心素养"的概念,而是直接采用了"核心素养"这一概念,有些章节也使用了"俄语课程要培养的学生核心素养"等表达方式,主要基于以下原因:

第一,俄语课程要培养的学生核心素养与俄语学科核心素养的实质内涵是基本一致的,都是指学生通过学习俄语课程形成和发展的核心素养,即语言能力、文化意识、思维品质和学习能力。这些素养都是与学习和使用俄语有关联的核心素养,例如语言能力是指俄语语言综合运用能力,学习能力也是指学生在俄语学习方面的能力。

第二,无论是学科核心素养,还是课程要培养的学生核心素养,都不是学科或课程本身的素养。严格来讲,学科和课程本身都不存在核心素养的问题。课程标准所说的学科核心素养和课程要培养的学生核心素养,都是指学生通过某些学科或某些课程的学习形成和发展的素养。所以就俄语课程而言,核心素养就是学生通过俄语课程的学习形成和发展的素养。

核心素养的提出归根结底是要解决"培养什么人、为谁培养人、怎样培养人"的问题。俄语课程通过开展多种形式的听、说、读、写等言语实践活动,帮助学生初步运用言语技能进行跨文化交流,引导学生成为具有坚定理想信念、高度文化自信、开阔国际视野和跨文化交际能力的社会主义建设者和接班人。

二、课程内容分析

课程内容是学生形成学科核心素养的重要基础,俄语学科课程具体规定学生在俄语课程中需要学习的主要内容,即教师应该教什么、学生应该学什么的问题,并且对学生学习该内容时应该达到的标准做了要求和规定。同时对课程内容给出具体的教学提示,例如通过课程内容如何培养学生的核心素养。课程内容既是教科书编者和教师选择教学内容的重要依据,也是学校和教师实施课堂教学、评价学生学习结果的重要依据。下面将围绕课程内容及内容标准进行解读,为教师落实好课程内容提供参考。

(一)课程内容的调整

在 2003 年和 2011 年的俄语课程标准中都没有单独设置"课程内容"这个部分,也没有设置"教学内容"或"教学要求"等章节,而是将课程内容与课程目标融为一体,以"内容标准"或"分级标准"的形式呈现。这样的做法有利有弊。有利之处是,课程内容与目标紧密结合,教学中无须过多地考虑如何将教学内容与教学目标结合起来。弊端是模糊了课程内容与课程目标的区别,同时也使课标对教科书编写和课堂教学的指导作用受到限制。

为了弥补 2003 年和 2011 年两个版本课程标准对课程内容与课程目标未加区分的不足,《普通高中俄语课程标准(2017 年版)》单独设置了"课程内容"(如图 2-7 所示)这个部分,明确规定俄语课程内容的范围和教学要求,并首次提出了互为依存的六要素:主题、情境、语篇、知识、言语技能和学习策略,简称"课程内容六要素"。2017 年版课标详细描述了各个要素的具体内容及要求,并有针对性地提出了教学提示,对指导俄语教科书编写、课堂教学、考试与评价都发挥了重要的作用。

图 2-7　课程内容结构示意图

　　《义务教育俄语课程标准(2022 年版)》第四部分为"课程内容",但是对 2017 年版课标的课程内容做了进一步调整。调整后的该部分包括主题、话题、知识、言语技能和学习策略五部分(如图 2-8 所示)。其中话题依据主题内容,以语篇和情境的方式呈现。依据主题内容及育人价值,18 个话题在三个年级中依次出现。在这部分还给出了学业要求和教学提示,既有教学方法的建议,也有针对教学中容易出现的问题给出的对策。

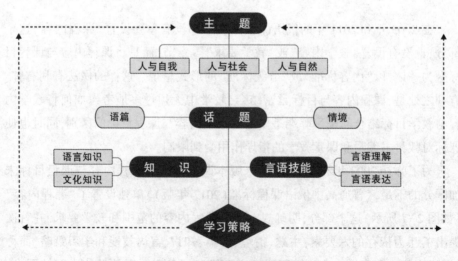

图 2-8　课程内容结构示意图

语篇承载话题内容,是语言学习的内容单位。通过内容丰富、形式多样的语篇,学生可以学习语言知识、文化知识和跨学科知识,提高听、说、读、写等技能,形成综合语言运用能力。语篇类别建议如表2-5所示。

表2-5　语篇类别建议

类　　别	举　　例
对话	日常生活对话等
记叙文	日记、故事、传记等
说明文	科普类语篇等
应用文	贺卡、通知、海报、书信等
其他	诗歌、绕口令、谜语、歌词以及网络文体等

情境是具有一定情感氛围的场景,包含时间、地点、人物和活动等,是理解语篇内容的重要前提。情境依据话题内容创设,是课堂教学的基本要素,具有直观性和真实性。情境按照地点、人物和活动三个维度设计。

(二)课程内容各要素之间的关系

俄语学科课程内容是修订的一个重要范畴,指向学科核心素养发展。《普通高中俄语课程标准(2017年版)》提出"六要素"整合的俄语学习活动观;《义务教育俄语课程标准(2022年版)》提出"五要素"整合,通过主题活动培养学生综合语言运用能力。两版课程标准都明确了活动是俄语学习的基本形式,主要解决中学俄语课堂教学中长期存在的语音、词汇、语法等教学碎片化以及课堂效率不高等突出问题,对整个俄语教学具有统领和指导意义。

俄语课程内容诸要素围绕主题情境,通过具有实践性、综合性、探究性和开放性特点的俄语学习活动,促使学科核心素养有效形成和综合发展。其中,主题语境提供话题范围和意义情境;语篇承载着学生学习语言、体验文化、发展思维和形成学习能力的基本内容;语言知识是发展语言能力的基础;文化知识是学生理解文化内涵,汲取文化精华,养成跨文化意识的前提;言语技能涵盖听、说、读、写四项技能,是学生学习语言知识,获取、处理和传递信息,发展思维品质的手段;学习策略是学生主动选择和使用学习技巧、方法,提高学习成效,形成学习能力的基础。

(三)整合课程内容"六要素"的俄语学习活动实施策略

在中学俄语教学中,教师要关注围绕主题创设情境进行"主题活动单元下六要素整合"活动教学的开展。基于主题设置贴近学生现实生活的情境,精选和整合与主题内容相关的多个语篇,设计主题、话题涵盖之下的系列学习活动,引导学生在活动过程中学习相关的语言知识(语音、词汇、语法)、文化知识,进行言语技能(听、说、读、写)的训练,培养学生综合语言运用能力,促进学生俄语学科核心素养的形成。下面以人教版高中俄语必修一第二单元«Какая ваша школьная жизнь?»为例,介绍在课堂教学中如何开展六要素整合的俄语学习活动。

主题是课程内容呈现的主线,为俄语学科育人活动和语言学习提供内容资源。本单元主题与学习生活息息相关,对于刚刚进入高中的学生们来说,既熟悉又有新鲜感。在初中阶段,学生们已经能够听懂和读懂一些与学校生活相关的简单对话和文章,也能够对自己的学校生活进行简短的口头描述和书面表达。语篇和情境是主题内容的载体,学校生活的描述通过语篇与情境体现。关于学校的语篇和情境:课程设置、考试、中外评价体系差异、教学设施、校园活动、时间安排、课间活动、对新学期和新学校的认识和感悟等,素材很丰富,也符合中学生认知。本单元的语言知识:学生能够掌握更多主题词汇和相关句式,以及句子的主要成分、次要成分。文化知识:学生能够了解俄罗斯和中国的学校在课程、作息安排方面的区别;了解俄罗斯学校的日程安排,并对比中俄学校生活之间的差异。言语技能:学生能够运用本课中的词汇和句式,进行听、说、读、写等全方位的言语交际活动。例如:听短文回答问题;根据所给情景编对话;阅读课文,回答问题;看图说话;以«Моя школьная жизнь»为题写作文;等等。学习策略要贯穿整个学习过程,会查询和使用学习资源;学会迁移,把学过的知识运用到新的情境中,培养学生的俄语思维能力和语言表达能力。通过这个单元的学习,引导学生学会介绍自己的校园生活以及评价等,教师在课堂教学中关注课程内容的整合,共同促进学生核心素养发展,形成语言能力、文化意识、思维品质和学习能力。

单元里的各个语篇在内容上都是相互关联的,教学时可以按照一定的逻辑重新梳理整合,这样既可以学习文章内容,又可以联系学生实际,有了真实生活场景,孩子们才会更有表达的兴趣。下面以《Подарок》主题下教师节学生送教师礼物展开的六要素整合俄语教学活动为例(如图 2-9 所示)。

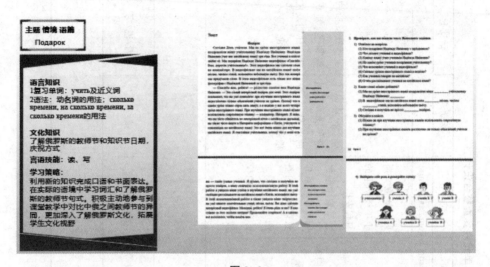

图 2-9

　　所选择的语篇不仅与生活实际结合,而且是有教育意义的。在实际的语境中学习词汇和句式,强调读和写的结合,利用新的知识完成口语和书面表达。在教学中,教师不仅要让学生了解俄罗斯教师节、知识节的日期及庆祝方式,还要积极主动引导学生对比中俄教师节之间的异同,更加深入了解俄罗斯文化,拓展学生的文化视野。同时落实育人目标:能够理解、尊重和感谢教师付出的辛勤劳动,形成尊师重教、尊重知识的风气。

　　设计主题活动时要引导学生自主利用主题情境图,动脑思考,大胆想象,进行完整的描述,激发其学习俄语的兴趣。学生在巩固语言知识的同时,还能培养积极的情感态度,切实提高自身实际运用俄语的能力。教师可以依据主题任务,重组、整合教科书中的语篇,并基于这些语篇,确定这个单元的教学目标,结合学生实际,梳理各阶段学习的材料。整合课程内容六要素的俄语学习活动设计如表 2-6 所示。

表2-6 新教材:单元六要素整合设计

	活动一	活动二	活动三	活动四	活动五	活动六	活动七	活动八
主题	Какая ваша школьная жизнь							
文化知识	1.了解俄罗斯画家列宾 2.了解俄罗斯的学校及其课程设置	1.学会合理的时间管理 2.了解汉语和俄语在语法方面的异同	1.了解中国和俄罗斯学校的课程和作息安排 2.了解俄罗斯学校的日程安排,并对比中俄中学之间校生活的差异	了解不同国家的分数体系	1.了解俄罗斯十年级学生的日程安排 2.了解中俄之间教育体系和教育观念的差别 3.理想中的校园生活	进一步认识汉语和俄语之间的差异,培养俄语思维	了解俄罗斯的教师节、知识节的日期及庆祝方式	对未来学校的描绘
语言知识	1)有关学校生活的词条、语义提纲;2)基本句型;3)文体							
言语技能	读/说等(看)	说/写等	读/写为主	读/听/说等	读/听/说等	读/写	看/说/写	说/写为主
学习策略	1)认知策略;2)情感策略;3)交际策略;4)资源策略;等							

新课标要求教师要基于情境,从主题、语篇、语言知识、文化知识、言语技能和学习策略这几个方面来设计课程内容,有针对性地解决俄语教学中存在的以教师为主体、以知识传授为主导的问题,优化单元整体教学,促进学生俄语学科核心素养的形成,同时也助推教师从"经验型"向"研究型"转变。

三、基于主题意义的单元整体教学策略

俄语课程标准明确人与自然、人与社会、人与自我三大主题范围,并在主题语境中选择语篇,设计任务,开展俄语教学。人教版高中俄语教科书是依据《普通高中俄语课程标准(2017 年版)》修订的,必修和选择性必修七册共 25 个主题活动单元,体例完全依照课程标准主题建议表中的三大类主题编写。基于主题意义的单元整体教学是教科书的突出特色,每一单元都设有主题情境图,提示和介绍单元学习的内容与任务。教师明确教学目标,学生明确学习目的,才能实现课程内容的结构化和情境化,提高教与学的效率。在教学中,教师要根据学生的实际情况,在真实交际的情境下进行主题创设,开展教学活动,从而提升自身的课程意识和能力。

(一)主题情境图的意义和作用

主题情境图是根据单元主题内容创设,为语言的学习和运用提供的情境空间,有主题有情境,所以叫主题情境图。人教版高中俄语教科书的特点就是以主题情境图为引导,教师要充分利用主题情境图启发学生动脑思考,大胆想象,并鼓励每个学生根据自己对主题情境图的理解和所掌握的语言知识,发挥想象力,创造性地完成任务。在俄语教学中,情境是交际的灵魂,教科书中的主题情境图创设的情境直观、生动、形象,能够激发学生学习的兴趣,优化其对知识的理解和巩固,促进思维的发展,提高跨文化交际能力。教师可以通过引导,让不同层次的学生围绕主题情境图进行表达,为学生创造相对宽松的、有利于学生个性发展的空间和发现自己才能的机会。

通过主题情境图,学生可以认识俄罗斯的著名景观,如莫斯科河、伏尔加河、冬天的莫斯科红场等。除了介绍俄罗斯的文化艺术,还可以增加一些中国的名人和著名景观,如孔子、李时珍、梅兰芳、长城、天安门广场、国家大剧院、颐和园等。这些图会使学生们联想到首都北京,联想到儒家思想、中医药、京剧、

中国古典园林建筑等等,教师可以引导学生用俄语讲述中国故事,传播中国文化,使其成为具有中国情怀、国际视野的社会主义建设者和接班人。

高中必修第二册第 1 课« Какая подруга лучше?»中的主题情境图讲述的是普希金和奶妈的故事。他们有着深厚的感情,普希金的很多创作灵感都来源于奶妈讲的民间故事,即使在流放的时候奶妈也一直陪伴在他身边。通过主题情境图可以了解历史背景,并加深对普希金和奶妈感情的理解。普希金写给奶妈的经典小诗,可以鼓励学生背诵,提高学生学习俄语的兴趣。参考教材示例 2–15(高中必修二 第 18 页)。

 Это интере́сно!

Это рису́нок по карти́не «Пу́шкин и его́ ня́ня». Ня́ня была́ люби́мым дру́гом поэ́та. Прослу́шайте и прочита́йте отры́вок из стихотворе́ния «Ня́не» (1826) А.С. Пу́шкина. Если вам понра́вится э́то стихотворе́ние, вы мо́жете найти́ его́ по́лностью в Интерне́те.

Ня́не

Подру́га дней мои́х суро́вых,

Голу́бка дря́хлая моя́!

Одна́ в глуши́ лесо́в сосно́вых

Давно́, давно́ ты ждёшь меня́.

教材示例 2–15

高中必修第一册第 3 课 «У вас большая семья?»中的主题情境图描述的是俄罗斯著名作家列夫·托尔斯泰的一家。托尔斯泰非常爱自己的孩子,他在短篇、中篇、长篇小说中写了很多关于家庭的文章。著名的长篇小说«Анна Каренина»(《安娜·卡列尼娜》)中的经典名言"Все счастливые семьи похожи друг на друга, а каждая несчастливая семья несчастлива по-своему(幸福的家庭都是相似的,不幸的家庭各有各的不幸)",在中国也经常被引用,引导学生了解对提高学生的人文素养是有帮助的。参考教材示例 2–16(高中必修一 第 53 页)。

Это интере́сно!

Это рису́нок по фотогра́фии Л.Н. Толсто́го вме́сте со свое́й семьёй. Вы чита́ли рома́ны Л.Н. Толсто́го? Он написа́л мно́го произведе́ний о семье́. Предлага́ем вам посмотре́ть в Интерне́те, каки́е произведе́ния о семье́ он написа́л и вы́борочно прочита́ть их. В рома́не «А́нна Каре́нина» Л.Н. Толсто́й пи́шет: «Все счастли́вые се́мьи похо́жи друг на дру́га, а ка́ждая несчастли́вая семья́ несчастли́ва по-сво́ему». Вы согла́сны с его́ слова́ми?

教材示例 2-16

(二)单元整体教学的内涵及意义

单元整体教学是一种系统化、科学化的教学体系。主题活动单元是完整的学习单位,能让整个知识结构化、学习情境化,最接近俄语学科核心素养的呈现形式,因此新教材把主题单元作为编写单位,而不是课时。能用所学的知识和获得的能力去解决真实生活情境当中的实际问题,这就是俄语核心素养所要求的。教师在教学设计时不应以 45 分钟为单位实施,而应该把整个单元作为整体考虑。

围绕某一有意义的主题,综合考虑语言、文化、学生生活经验、相关学科知识等,以主题任务探究为明线,以语言知识学习和技能发展为暗线,整体设计和规划学习进程,可以使学生借助优质学习资源,在探究活动中围绕主题交流思想、分享经历,从而促进认知发生迁移,发展语言和思维能力,形成文化理解能力和正确的人生观、价值观,提高解决问题的能力,培养主动探究的精神。

(三)单元整体教学实施策略

新课程背景下,教师在教学过程中要具有单元教学意识和教学习惯。按照课程标准要求,在进行教科书和学情分析的基础上,针对整个单元整体组织教学内容,制定单元教学目标,整体设计主题活动和流程,整体安排教学时间,整体设计单元作业,如图 2-10 所示。每个单元都有明确的主题,这个主题能明确教学思路,有助于教师把握教科书的整体逻辑。连贯的情境主线有助于学生更好地运用语言。学生在连贯的教学情境中更容易唤起知识关联,将所学知识串联成整体,扩充知识储备,增强学习的系统性。这符合课程标准的要求。

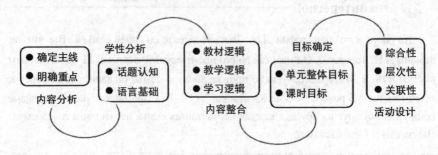

图 2-10　单元整体教学思路图

1. 教学内容分析

单元整体教学首先要对教科书内容做一个基础的梳理和分析,对多个语篇进行整体分析,确定单元主题。然后分析教学内容,要对整个单元的教学内容进行初步了解,不能只停留在简单翻阅教科书和教参的层面上,而是要进行系统的梳理。确定整个单元学习的主线、重点学习的语篇和内容。教师可按照教科书呈现的自然顺序整理所有语篇的基本信息,包括文本形式、文本标题以及文本来源。以下以人教版俄语必修第三册第 3 课 «Вы любите путешествовать?» 为例,讲解如何进行单元整体教学设计。可通过表格方式整理本单元所提供的文本信息,如表 2-7 所示。

表 2-7　单元文本信息整理

文本形式	标　题	来源	主要内容
图片	主题图	第 39 页	Волга
图片	Это надо знать	第 50 页	туризм
对话	диалог	第 48 页	путешествие по Китаю（о своих каникулах）
对话	упражнение 10	第 51 页	диалог о маршруте и о стоимости поездки
短文	упражнение 7	第 48 页	мои путешествия
短文	упражнение 11	第 52 页	туризм пешком и по воде
短文	текст	第 55—56 页	два брата
短文	упражнение 7（课内外活动）	第 60—61 页	три ученика

2. 学情分析

在教学中,教师不仅要关注教科书设计的逻辑、教师教学的逻辑,更要关注学生学习的逻辑。依据学生学习的逻辑进行学情分析的基本思路是:依据单元主线和主题意义,分析学生已有的话题认知基础、语言知识基础和语用能力基础,有时也需要依据教学文本内容和特征分析学生的文化意识和学习策略等,从学生的语言基础到班级学生间的差异,从学生对话题的已知再到学生通过本节课所要提升的能力,这些问题都要考虑。例如学生对于"旅游"的主题内容较为熟悉,在教学设计之前,要从核心素养的四个方面分析学情,掌握学生已有的能力基础。本单元的学情分析如表 2-8 所示。

表 2-8　学情分析表

语言知识	学生能够用简单的语言介绍一次旅游经历,但词汇和句型不够丰富。
言语技能	学生对运动动词的使用规则掌握较好,但是不能够活学活用;学生对主题词汇分类的意识和能力不强,不能准确运用丰富的词汇和多样的表达方式进行描述。
文化意识	了解中俄两国旅游方式的异同,感受文化差异;生活在互联网时代下的学生对旅游的意义理解不够,不能体会到旅游是一种亲近自然、联络感情、活跃身心的休闲方式;部分学生不能意识到传播中国文化、用俄语讲述中国故事的责任感和意义。
学习策略	学生在单元学习最后不能利用思维导图帮助梳理所学知识;部分学生没有形成利用网络或求助他人的方式来丰富自己所需信息的策略。

3. 教学目标确定

在内容分析、学情分析和内容整合的基础上,教师首先应依据核心素养四个方面设定单元整体教学目标,再将整体目标合理地分解成每个课时目标。单元目标和课时目标之间是包含与被包含的关系,单元目标统领课时目标,课时目标服务于单元目标,不同的课时应有不同的目标定位。课时目标不是单元目标的简单分解,课时目标的设定遵循由易到难的原则,并且关注课时之间的整体性、关联性和递进性。在课堂教学中,教学环节、教学策略、教学活动和评价都要围绕单元主题和单元目标展开,这样才有利于单元目标的达成,学生整体把握文本的能力才会得到提升。

俄语学习的过程就是持续和渐进的,教师要根据学生的实际情况设定教学目标。对于基础薄弱的学生来说,他们的首要任务是理解主题意义,只有经过适当的模仿学习,他们的思维能力才能得到提升。所以单元目标、活动和任务设计都要有层次性。本单元的教学目标设计如表2-9所示。

表2-9　教学目标

语言能力	掌握主题词汇;运用带目的从句的主从复合句描述旅游经历;根据实际交际情境,运用定向运动动词和不定向运动动词讲述自己的旅行,哪种交通工具更适合旅行(喜欢的旅行方式)等。
文化意识	了解中俄风景胜地,发表对旅游的看法;了解中俄两国旅游方式的异同,感受文化差异。
思维品质	结合所学知识,向他人推荐旅游地点、旅游方案,体会民族自豪感;分享和体会旅游对于促进人与社会之间交融关系的作用。
学习能力	掌握有效的学习方法和策略,具有自主学习、合作学习、探究学习的能力,使用网络资源拓展关于旅游的知识,获取俄语资源。

4. 学习活动设计

教师如何设计具有整合性、实践性和层次性的学习活动,使学生在一个单元的学习过程中,围绕主题意义实现综合、进阶发展,是单元整体教学能否达成预期目标的关键。在单元教学中,教师在确定教学目标、设计分层学习活动时,要充分考虑如何整合语言知识、文化知识和言语技能,引领学生对主题的内涵和意义形成新的认知和理解,并在活动中内化,通过输出任务更好地表达对该主题的认识。这些过程都能促进学生能力的发展和提升。本单元的学习活动设计如表2-10所示。

表 2-10 学习活动设计

课时	序号	活动内容	活动意图
1	活动 1	单词联想 путешествие(图片)。	激活已学的与"旅游"相关的主题词汇。
	活动 2	简单描述主题图。	回顾单词。
2	活动 3	读句子,发现规律。	引导学生发现学习,通过对比例句,让学生发现"何种情况下从句中动词谓语用不定式,何种情况下用过去时"。
	活动 4	以小组为单位,回答问题"Зачем путешествовать?",对比老师给出的参考表达方式(图片)。	学生会用 чтобы 句型表达出"旅游的目的",理解老师给出的表达方式,积累素材。
3	活动 5	头脑风暴:交通工具名称(图片1)。	复习并了解交通工具词汇,为课堂口语表达做准备。
	活动 6	1. 结合练习7(课本48页)看图描述(内容最全、准确者获胜)(图片4—7);2. 学生自由选择地点进行描述。	1. 提前接触对话中将提到的四个城市;2. 将交通工具单词、交通工具表示方法、运动动词和 путешествовать 以及目的从句结合使用,融入语篇。
4	活动 7	观看图片,猜测城市,运用主题词汇简单介绍(图片1-4)。	引出对话中的四个城市,学生回忆所学单词。
	活动 8	对话学习:听对话填表格—朗读对话—表演对话—转述对话—结合练习7和对话写一篇50词的小作文(家庭作业)。	学生课下已经预习对话,对内容有一定印象。听对话填表格的活动能够帮助学生更清晰地梳理对话内容。通过朗读对话,学生能够在看和读的过程中强化记忆,同时老师可以纠正语音语调,为下一步表演对话做准备。对话表演能够帮助学生巩固知识,实现"输出"。此环节为知识的迁移,学生以第一人称转述对话,可为写作打下基础,在实际写作中运用对话中的表达句式。
5	活动 9	练习9(课本50页)下列旅游广告适合哪些人? 仿照示例进行简单描述。ПРИМЕР: Этот человек любит плавать по озёрам и рекам России. Поэтому я советую ему водный туризм. Он плавает на лодках, чтобы посмотреть прекрасную природу и поймать рыбу.	通过推荐旅游方式进行语言表达,复习目的从句。

续表

课时	序号	活动内容	活动意图
6	活动10	短文学习:根据预习内容,是否能够简单介绍两幅图片—回答课后问题—讲解课文知识点,提炼经典语句—分析短文结构—小组合作复述故事。	1. 检查课下阅读成果,了解学生掌握情况; 2. 理清文本内容和结构,为转述和讨论做准备; 3. 通过转述学生能够更加了解短文内容,练习"繁"转成"简"。
7	活动11	就短文内容开展讨论。	学生能够发表个人观点。
8	活动12	1. 学生交流思维导图;2. 以小组为单位,完成下列讨论任务;3. 小组互相评价路线,说明喜欢或不喜欢的原因,教师纠正表述不当之处。	1. 梳理单元学习内容;2. 结合自身情况设计旅游路线,将所学的"旅游"语言知识实践运用。

学习活动都是围绕"旅行"这一主题展开的,活动类型从学习理解类活动到应用实践类活动,再到迁移创新类活动;在活动中,语言知识、文化知识和言语技能相互融合,共同发展。同时,教师还要注重对学生学习策略、学习能力的培养。单元整体教学注重围绕主题意义发展语言能力,更加关注如何把对学习策略和学习能力的培养贯穿在单元教学中。

单元整体教学可以实现知识的有效整合,在俄语课程的学习过程中提高学生的人文素养;也可以突破教科书的限制,有效延伸课堂教学。同时也对教师提出了更高的要求和挑战,要求教师能够站在知识系统性的高度,以单元话题为基础,将本单元出现的重要知识进行重新编排,组成一个知识整体或意义整体,并通过语篇形式进行呈现。

四、基于主题意义的单元整体教学设计案例

课例名片

年　　级:高中二年级

执 教 者:济南外国语学校　董文杰

教学内容:人教版　普通高中教科书　俄语

　　　　　选择性必修第一册　第3课

　　　　　Интересы и увлечения

一、教材内容分析

本单元是人教版普通高中教科书俄语选择性必修一第三单元,围绕主题《Интересы и увлечения》展开教学活动。统领主题:人与自我。主要学习如何讲述人的兴趣与爱好。这一话题和学生生活密切相关,在本课中,学生将学习、运用与该主题有关的词汇、句式,并进行听、说、读、看、写以及思维活动。语法方面,本单元将学习"带关联词 который 的定语从句"。同时要学会在公共场合穿着得体、举止得体,引导学生学会管理时间、合理安排自己的学习与兴趣。

二、教学目标

语言能力	1. 听懂与"兴趣爱好"相关的语篇,完成口语交际或书面作答任务。 2. 围绕"兴趣爱好",利用掌握的语音、词汇、语法和功能句式进行表达。 3. 观看图片或视频,掌握词汇、语法,进行表达,能就本单元话题进行讨论。 4. 读懂与"兴趣爱好"相关的语篇,完成任务。 5. 结合所学知识,完成写作任务《爱好是否对人们有益?》。
文化意识	1. 了解中俄名家的兴趣爱好。 2. 讲述你喜爱的中俄名家的兴趣爱好。 3. 感知中俄剧院演出内容的不同,进行中俄文化对比。 *4. 在俄语学习过程中体会家国情怀,并尝试"用俄语讲述中国故事"——向俄罗斯小伙伴介绍家乡的剧院与演出。
思维品质	1. 能够整合已经掌握的语言知识,在实际情境中应用实践。 2. 学会正确处理学习与兴趣爱好之间的关系。 3. 学会管理自己的时间,合理安排自己的学习与兴趣。
学习能力	1. 具有良好的学习习惯,可以进行自主学习,也可以通过合作学习解决问题。 2. 能够借助网络、书籍查找自己需要和感兴趣的内容、合适的案例,为自己的观点提供论证。 3. 能够借助思维导图梳理和记忆重点知识。

备注:*为拓展性任务目标。

三、学情分析

学生已知：

1. 表示兴趣爱好的词汇：увлечение，интерес，хобби。

2. 描述兴趣爱好的词汇及短语：любить，нравиться，играть во что/на чём，интересоваться чем，заниматься чем，читать，смотреть，слушать，рисовать，кататься на чём，плавать，бегать。

3. 简单介绍自己的兴趣爱好。

四、教学重点难点

教学重点：

1. 了解中俄几个著名剧院，在剧院可以观看哪些演出，以及在剧院的行为举止。

2. 讲述自己和家人、朋友、中俄名人的兴趣爱好。

3. 学会管理时间，合理安排学习与兴趣爱好。

教学难点：

带关联词 который 的定语从句。

五、多模态语篇

文本形式	标　　题	来源	主要内容
图片	主题图	第 47 页	Большой театр имени Мэй Ланьфана
对话	диалог	第 48 页	Разговор о театрах
		第 49 页	Разговор о пекинской опере
		第 58 页	Разговор о увлечениях
		第 65 页	Обсуждение о увлечении и учёбе
短文	1. упражнение 12	第 57 页	1. М. В. Ломоносов
	2. упражнение 16	第 61 页	2. Рассказ «Лесной оркестр»
	3. текст	第 63 页	3. Текст «Работа и увлечение»
	4. упражнение 3	第 67 页	4. Шутки
	5. упражнение 7	第 69 页	5. Письмо

续表

文本形式	标 题	来源	主要内容
图片	упражнение 6	第 52 页	1. Афиши
	упражнение 9	第 54 页	2. План на каникулы
	упражнение 10	第 55 页	3. Как правильно вести себя в театре?
	упражнение 11	第 56 页	4. Увлечения и способности
	упражнение 12	第 57 页	5. Увлечения и способности известных людей
	упражнение 16	第 61 页	6. «Лесной оркестр»
	упражнение 3	第 67 页	7. Библиотека
	упражнение 4	第 67 页	8. Увлечение мужчины
	упражнение 5	第 68 页	9. «На стадионе»

六、教学过程

Занятие 1 词汇课

教学环节	活动内容	设计意图
新课导入	学生说出联想到的与 интересы 和 увлечения 有关的单词或短语。	激活已学的与"兴趣爱好"相关的主题词汇。
新课呈现	【活动1】 学习单词、例句(听老师讲解、看例句,口头汉译俄、俄译汉翻译)。 (重点单词:дышать、жениться、заблудиться、лечить//вылечить、 повышать//повысить、посещать//посетить、 приходиться//прийтись、 хранить、感知 посещать 与 навещать 的使用区别。) 【活动2】 将学生分组,教师提出一个单词,学生抢答。率先正确造句一组得5分。 【活动3】 小组合作,运用初、高中及本课所学新单词、句型描绘主题情境图。	1. 学生在教师的引导下,用新单词组词造句,在实践中多方位学习使用新单词。 2. 教师利用学生好胜心强的心理特点,将检测环节放在游戏中进行,学生分组竞争,教师提出一个单词,率先正确造句一组同学得5分。提高学生学习热情。

续表

教学环节	活动内容	设计意图
作业	1. 整理并记住本单元单词及用法，会造句，并会运用句式。 2. 运用初、高中学过的句式讲述自己的兴趣爱好。 3. 预习课本48页"课前活动"、49页"课堂活动"对话。为学生提供中俄剧院的图片（如：梅兰芳大剧院、俄罗斯国家大剧院、家乡的剧院等）。学生思考并准备以下问题： 1) Были ли вы в театре? Вы любите театры? 2) Вы знаете, как называются эти театры? Где они находятся? 3) Вы были там? Что вы любите смотреть в театрах?	

Занятие 2　听说课

教学环节	活动内容	设计意图
新课导入	为学生提供中俄剧院的图片（如：梅兰芳大剧院、俄罗斯国家大剧院、家乡的剧院等）。学生看图并回答以下问题： 1) Были ли вы в театре? Вы любите театры? 2) Вы знаете, как называются эти театры? Где они находятся? 3) Вы были там? Что вы любите смотреть в театрах?	引导学生对图片上的中俄剧院做简单介绍，引出本节课的活动内容。
新课呈现	【活动1】 学生分角色朗读课本48页"课前活动"、49页"课堂活动"对话。 1. 理解对话内容。 2. 梳理有关剧院的单词和表达并转述对话内容（театр имени кого，интересоваться чем，что является чем，узнать из чего о ком-чём，один из…）。 【活动2】 为学生提供中俄著名剧院及相关演出的图片。对比中俄剧院及演出内容，完成表格，并介绍异同。<table><tr><td></td><td>Где находятся?</td><td>Что можно смотреть/слушать в этих театрах?</td></tr><tr><td>Китайские театры</td><td></td><td></td></tr><tr><td>Русские театры</td><td></td><td></td></tr></table>【活动3】 学会根据示例描述图片。 1. Так они решили пойти в театр. Скажите, всё ли в порядке? （见人教版普通高中教科书 教师教学用书 俄语 选择性必修一配套PPT урок 3.4 第6页） 2. 根据图片描述在剧院应该怎样做。 （见人教版普通高中教科书 教师教学用书 俄语 选择性必修一配套PPT урок 3.1 第7、8页）	1. 学生在教师引导下，学会使用多种句式概括、转述对话内容。 2. 学生根据对话内容、图片与表格，提炼有效信息，运用学到的短语、句式等输出短文（概括介绍中俄剧院，如地理位置、观看内容等异同，进行中俄文化对比，体会家国情怀）。 3. 学生讨论在剧院、电影院等公共场所有哪些不文明行为，引导学生在公共场所衣着得体、举止文明。
作业	1. 根据本课所学知识，结合你的实际经历，写一篇80—100词的作文《Я и театр》。 2. 完成61页第16题，复习带关联词 который 的定语从句①，预习带关联词 который 的定语从句②。	

Занятие 3　语法课

教学环节	活动内容	设计意图
新课导入	观察以下句子,划分句子结构(主语、谓语、补语)。 1. Миша увлекается театром, без которого ему трудно жить. 2. Менделеев занимался химией, которой он посвятил всю свою жизнь. 3. Витя увлекается фотографией, к которой у него есть способности. 4. Мою подругу не интересует классическая музыка, которой интересуюсь я. 5. Это мои друзья, с которыми я занимаюсь музыкой. 6. Это музей, в котором мы были вчера. 7. Это выставка, на которой мы были вчера. 8. Я видел фотографии, о которых ты мне рассказывал.	复习划分句子结构,加深对带关联词 который 的定语从句的理解。导入本课内容。
新课呈现	【活动 1】 读下列句子,发现、归纳带关联词 который 的定语从句②的规律,了解语法功能并学习使用。 1. Миша увлекается театром, без которого ему трудно жить. 2. Менделеев занимался химией, которой он посвятил всю свою жизнь. 3. Витя увлекается фотографией, к которой у него есть способности. 4. Мою подругу не интересует классическая музыка, которой интересуюсь я. 5. Это мои друзья, с которыми я занимаюсь музыкой. 6. Это музей, в котором мы были вчера. 7. Это выставка, на которой мы были вчера. 8. Я видел фотографии, о которых ты мне рассказывал. 【活动 2】 运用带关联词 который 的定语从句与 интересоваться чем, увлекаться чем 造句,描述自己和同学的兴趣爱好。 【活动 3】 看图并说一说,你想去看下列哪个展览,理由是什么。组内进行讨论并展示成果。 (见人教版普通高中教科书 俄语 选择性必修一 第52页)	1. 引导学生发现学习,通过阅读8个例句,让学生了解在定语从句中,如果关联词 который 是从句的其他成分,则用相应的带前置词或不带前置词的格的形式。 2. 引导学生运用带关联词 который 的定语从句与 интересоваться чем, увлекаться чем 造句,描述自己和同学的兴趣爱好。 3. 在实践中掌握带关联词 который 的定语从句。
作业	完成66页第1、2题,69页第7题。 预习56—58页对话之前内容。 通过查阅书籍或者网络搜索出下列你熟悉的、感兴趣的中俄名家的兴趣爱好:鲁迅、齐白石、巴金、郭沫若、马雅可夫斯基、拉赫玛尼诺夫、门捷列夫、契诃夫等。	

Занятие 4 　听说课

教学环节	活动内容	设计意图
新课导入	1. 学生看图并回答问题"К чему у них таланты ?"。 （见人教版普通高中教科书 俄语 选择性必修一 第 56 页） 2. 学生回忆并总结所学的接 к чему 的名词（любовь，талант，интерес，уважение...）。	学生复习巩固所学句式，导入本课内容。
新课呈现	【活动 1】 学习使用句式 способности к чему。 （见人教版普通高中教科书 教师教学用书 俄语 选择性必修一 配套 PPT урок 3.5 第 4 页） 【活动 2】 1. 感知中俄名家的才能，根据描述猜一猜是哪位中俄名家。 （见人教版普通高中教科书 教师教学用书 俄语 选择性必修一 配套 PPT урок 3.5 第 9 页） 2. 学生自主梳理所有学过的与兴趣爱好有关的表达，如：интересоваться чем，увлекаться чем，заниматься чем，способности к чему，талант к чему...，并学习使用上述句式与带关联词 который 的定语从句介绍中俄著名作家、艺术家、学者及其兴趣爱好。 Лу Синь (1881–1936) писа́тель — литерату́ра, поэ́зия, иску́сство, медици́на Ци Байши́ (1864–1957) худо́жник — жи́вопись, каллигра́фия (书法), резьба́ по ка́мню (石雕) Ба Цзинь (1904–2005) писа́тель — литерату́ра, перево́д Го Можо́ (1892–1978) поэ́т — поэ́зия, исто́рия В.В. Маяко́вский (1893–1930) поэ́т — поэ́зия, жи́вопись С.В. Рахма́нинов (1873–1943) компози́тор — му́зыка, те́хника Д.И. Менделе́ев (1834–1907) учёный — хи́мия, фи́зика А.П. Че́хов (1860–1904) писа́тель — литерату́ра, медици́на （见人教版普通高中教科书 俄语 选择性必修一 第 57 页） 【活动 3】 课本第 13 题。 看图并回答问题：Как вы думаете，без чего им трудно жить？ （见人教版普通高中教科书 俄语 选择性必修一 第 56 页）	1. 积累词汇和句式。 2. 理解巩固带关联词 который 的定语从句的意义与用法。学会使用不同句式，如"способности к чему" "интересоваться чем"等，会使用带关联词 который 的定语从句描述人的才能。 3. 学会使用不同句式介绍中俄名家以及自己、他人的兴趣爱好。

续表

教学环节	活动内容	设计意图
作业	1. 运用本课梳理的与兴趣爱好有关的表达谈一谈,你想和什么样的人交朋友。（С каким человеком ты хочешь дружить?） 2. 预习并熟读对话。	

Занятие 5　对话

教学环节	活动内容	设计意图
新课导入	1. 复习上节课重点句式。 2. 值日生报告«Мои интересы и увлечения»。	1. 复习重点句式,为课堂口语表达做准备。 2. 值日生创设俄语真实语境,导入本课内容。
新课呈现	【活动1】 听58页对话,根据对话内容完成表格。 听对话两遍,理解对话大意,并完成表格。 表格1: 表格2: 【活动2】 小组活动 1. 组内进行对话演练(表格作为提示内容)。 2. 以小组为单位进行对话展示。 【活动3】 找出对话中"带关联词 который 的定语从句"并进行分析。教师解答对话中学生遇到的问题。	1. 训练学生的听力,提高学生捕捉信息、提取信息的能力。 2. 听后填表的活动能够帮助学生将对话内容梳理得更为清晰。学生通过朗读对话,能够在看和读的过程中强化记忆,同时教师可以纠正语音语调,为下一步对话表演做准备。 3. 对话表演能够帮助学生巩固知识,使用不同句式正确表达自己和朋友们的兴趣爱好。 4. 理解巩固带关联词 который 的定语从句的意义和用法。
作业	1. 小作文,选择自己喜欢的角色,以第一人称转述对话内容。 2. 预习并熟读课文《工作与爱好》(Текст «Работа и увлечение»),并尝试为课文拟一份提纲。	

表格1:

Кто?	Увлечения
	коллекция флешек
Нина	
Сун Да и Юра	
	пение
Ван Линлин и Лю Фан	
Ира и Чжан Янь	

表格2:

Кто?	Увлечения
Ли Мин	коллекция флешек
Нина	фотография
Сун Да и Юра	пекинская опера
Чжан Ли	пение
Ван Линлин и Лю Фан	танцы
Ира и Чжан Янь	шахматы

Занятие 6　阅读课

教学环节	活动内容	设计意图
新课导入	观察并写出下列你知道的动名词，总结、概括规律。然后按照所总结的规律写出空白处的动名词。 | увлекаться	увлечение
создать	создание
собрать	собрание
рисовать	рисование
плавать	
лечить	
говорить	
повторять	
слушать	
писать			引导学生发现规律，了解构词法，拓展词汇量，巧记单词。
新课呈现	【活动1】 1. 学习句式"один из...", 完成62页第2题。 2. 同桌两人互相提问。 Ответьте на вопросы, используя выражение *один из самых...* 1) Какой сейчас самый интересный сериал? 2) Какой артист сейчас самый известный? 3) Какая песня сейчас самая популярная? 4) Какая сейчас самая популярная компьютерная игра? 5) Какой город в Китае сейчас самый хороший? 6) Какое место в Китае самое известное? 【活动2】 阅读短文 «Работа и увлечение», 理解短文内容，并梳理文章结构。 1. 回答问题并完成表格内容。 (1) Что обычно считают главным делом в жизни человека? (2) Кем были по профессии В. И. Даль, А. П. Чехов и П. М. Третьяков? (3) Какие у них увлечения? (4) Какие успехи они получили в своей жизни? | Герои текста	Кто они по профессии?	Что они любят делать?	Какие успехи они получили?
---	---	---	---
В. И. Даль			
А. П. Чехов			
П. М. Третьяков			| 【活动3】 完成64页课后题。教师解答课文疑难点。	1. 丰富并学会使用句式"один из..."来表达相关内容。 2. 学生回忆课文内容，回答问题。通过填写表格帮助学生梳理文章脉络。 3. 通过练习进一步巩固知识。
作业	1. 熟读课文 «Работа и увлечение» 2. 将课文压缩为150词左右的短文。要求内容连贯，没有逻辑性错误。 3. 思考在我国是否也有因兴趣爱好而闻名的人。可以上网查找资料，并简单写一写他的职业、兴趣爱好与成就。	

Занятие 7　阅读课

教学环节	活动内容	设计意图
新课导入	回忆并复习课文内容。 （1）Что обычно считают главным делом в жизни человека? （2）Кем были по профессии В. И. Даль, А. П. Чехов и П. М. Третьяков? （3）Какие у них увлечения? （4）Какие успехи они получили в своей жизни? **表：** Герои текста / Кто они по профессии? / Что они любят делать? / Какие успехи они получили? В. И. Даль А. П. Чехов П. М. Третьяков	检查学生对课文内容的理解和掌握。
新课呈现	【活动1】 1. 根据所列提纲，学生抽签讲述课文中提到的俄罗斯名家。 План рассказы: 1）Кем был человек по профессии? 2）Какое у него увлечение? 3）Какие успехи он получил? 2. 根据所列提纲，学生完成课文转述。 План рассказы: 1）Кем был человек по профессии? 2）Какое у него увлечение? 3）Какие успехи он получил? 【活动2】 认识俄罗斯伟大的化学家、音乐家博朗京，了解他的工作及兴趣爱好。 1. 听文章录音两遍，回答下列问题： 1）Кем был по профессии А. П. Бородин? 2）Какое у него увлечение? 3）Какие успехи он получил в своей жизни? **表：** За / Против Увлечения помогают людям жить. / Я считаю, что увлечения мешают людям в учёбе и на работе. 【活动3】 根据上节课和本节课内容，并结合自身经验，进行小组讨论：«Помогают ли увлечения людям или, наоборот, мешают им жить?»，引导学生学会正确处理兴趣爱好与学习之间的关系。 组内发言者得一分，最终评选出获胜组。	1. 通过转述，锻炼学生的表达能力，使其掌握短文内容，练习"繁"转成"简"，为写作打下基础。 2. 扩大学生的知识储备，为讨论、写作积累素材。 3. 学生在组内讨论时，可以拓展思路，取长补短。小组竞赛的形式可以调动学生的积极性，从而更好地达成目标。

续表

教学环节	活动内容	设计意图
作业	1. 作文：每个人都有自己的兴趣爱好。你的兴趣爱好是什么？它们影响了你的学业吗？你的父母又是如何看待兴趣爱好的？运用本单元所学单词、句式写一篇作文，词数80—100个。 2. 思考：如何管理自己的时间？如何安排自己的学习与兴趣？	

Занятие 8　写作课

教学环节	活动内容	设计意图
新课导入	导入俄语视频《怎样合理安排时间?》，回答问题" Какую проблему встречала девушка?"。	导入本课内容，通过观看视频，训练学生的理解与信息提取能力。
新课呈现	【活动1】 学生阅读短文，理解短文内容，摘出描写如何度过大学时光的句子。 【活动2】 讨论：«Как управлять своим временем?»，以小组为单位发言，展示讨论成果。 【活动3】 以小组为单位制订周末生活计划，学习合理安排自己的学习和兴趣。	1. 理解短文内容，引导学生学习合理安排时间。 2. 学生在组内讨论时，可以拓展思路，取长补短。

Как проводить студенческие годы?

　　Несколько дней назад, в газете я читала новость о том, что 70 с лишним (有余) студентов были отчислены (退学) из университета из-за плохой успеваемости (学业成绩) в учёбе. Причина их неуспеваемости состояла (在于) в том, что они увлекались компьютерными играми, они сидели в Интернете день и ночь, и часто пропускали занятия. Сожелся об этом, я хочу напомнить студентам о том, что надо хорошенько подумать, как проводить студенческие годы.

　　По-моему, студенческие годы — это самое лучшее время жизни для того, чтобы учиться, время познания. Студенты должны использовать это время для занятий, развивать в себе способность работать. Конечно, человек не робот, он не может всё время только заниматься. Человек должен иметь увлечения. Но увлечения бывают и хорошие и плохие. Хорошие увлечения воспитывают в нас вкус, делают нас жизнерадостными и образованными (有学问的). А плохие заставляют нас идти ошибочным путём, даже портят нашу жизнь.

　　Студенты должны правильно относиться к учёбе и своим увлечениям. Ведь учёба и увлечение составляют основное содержание (内容) их жизни.

作业	1. 学生梳理本课所学内容，制定思维导图。 2. 制定自己的生活规划表，合理安排自己的学习和兴趣时间。

第三章　俄语语言知识教学

　　语言知识包括语音、词汇和语法等知识,是用于言语交际活动的基本要素。语言知识的学习要尊重语言规律,在语音、词汇、语法知识的教学中要注意排除母语干扰,同时要与相应的主题、情境和语篇相结合。语言知识教学可以提高学生的听、说、读、写等言语技能,并且将文化意识、思维品质和学习能力的培养潜移默化地融入其中,形成综合语言运用能力,为学生的终身学习和发展奠定基础。

第一节　语音教学

　　语音教学是语言教学的重要内容之一,是语言学习最基本的要素,是学生学习和使用语言的基础。语音知识包括:语音分类(元音和辅音)、音节、重读音节、词重音、节律、调型、语调重音;发音规则、非重读元音的弱化规则、辅音的同化规则、辅音字母组合的读音规则等。重视语音教学、落实课程目标,适时结合教科书内容教授学生语音知识,并将其贯彻整个中学俄语教学,是俄语教师的重要任务之一。课标中对语音知识内容的要求如表3-1、表3-2所示。

表 3-1 《义务教育俄语课程标准（2022）年版》语音知识内容要求

年级	内容描述
7年级	1.掌握33个字母读音。 2.读准元音和辅音、清辅音和浊辅音。 3.初步掌握元音弱化、清辅音浊化和浊辅音清化规则。 4.感知词的音节和重音；了解单音节、双音节和多音节；读准重音，了解重音移动。 5.感知句子语调，了解并初步掌握调型1、调型2和调型3；了解连读和停顿。
8年级	1.区分单音节、双音节、多音节、重读音节和非重读音节。 2.理解音变规则。 3.根据读音规则拼写单词。 4.正确模仿语音、语调，掌握连读和停顿等。 5.基本掌握调型1、调型2和调型3。
9年级	1.语音、语调正确，表达自然、流畅。 2.掌握调型1、调型2和调型3。 3.熟练掌握连读和停顿等。

表 3-2 《普通高中俄语课程标准（2017）年版》语音知识内容要求

课程类别	内容要求
必修	1.掌握俄语非重读元音的弱化规则。 2.掌握俄语辅音的同化规则、辅音字母组合的读音规则等。 3.能分辨调型1、调型2、调型3、调型4。
选择性必修	1.巩固俄语非重读元音的弱化规则、辅音的同化规则、辅音字母组合的读音规则等。 2.理解停顿、重音、调型的表意功能。 3.能运用最常用的调型表达自己的意图。
选修—提高类	1.能分辨语篇中的连读、弱化等。 2.能运用调型较准确地表达自己的意图和态度。

一、中学俄语语音知识教学现状

（一）我国绝大部分省份由于中考和高考考试中没有口语测试，所以无法直接检测学生说俄语的能力,加之有的中学班级班额较大,教师很难关注到每个学生的发音,久而久之学生自身也忽视了语音的重要性。

(二)现实课堂中的俄语语音教学,多数仍然以知识传授为主,对语音能力系统培养的重视度不高。

(三)学生发音不准确、俄语语音能力不强等问题还存在。这会影响学生的口语表达,从而对俄语学习失去兴趣,缺乏学习俄语的信心。同时,俄语教师自身的语音素养也有待提高。

二、中学俄语语音知识基本要求与教学建议

2017 年版课标在教学提示中指出:"语音教学应着重训练学生语音和语调的准确度,培养学生基本的俄语语音意识。在教学过程中,建议通过模仿、朗读和创设多种交际情境等手段,加深学生对语音和语调的感知与体验,领会语调在语境中的作用和意义,逐渐形成俄语语感。"[1]我们要遵循这一教学原则,根据学生的心理特点和语言学习规律,结合教科书和听力材料的真实语境文本,设计符合学生特点的语音训练活动,来讲授语音知识。通过听音、模仿和仿说,帮助学生内化语音知识。同时,教师要善于启发和引导学生在听和模仿的过程中注意发现、总结、归纳语音规律,以形成知识体系,逐步达到语音流畅自然、能让被听者接受和理解、能够准确表达想要表达的思想的效果。

(一)培养语音意识

语音教学的首要任务是培养学生的语音意识,其次才是发音技巧和语音知识掌握。学生形成了语音意识,就能在口语交流中去模仿、去实践。教学中发现,学生已经能够就一些简单的任务进行表达,但他们对语音知识的掌握还不够系统、全面。受汉语发音习惯的影响,有些学生在俄语学习中经常会按照汉语的发音去标注,这就需要教师在教学实践中及时纠正,以培养学生的语音意识,从而正确地感知俄语的发音和表达。

---

① 中华人民共和国教育部.普通高中俄语课程标准(2017 年版)[M].北京:人民教育出版社,2018:18.

语音意识的培养还应该从问题入手,教师要梳理学生在语音方面亟待解决的问题,例如:运用语音知识拼读生词的情况,俄语朗读能力,发音是否标准,重音、调型的把握情况等。

(二)训练"听"的习惯

语音教学一定要和听力教学相结合,正确的语音语调需要学生反复进行模仿,大量地接触语音材料,所以要把语音教学与听力教学结合起来,坚持"先听后说、以听带说、以听促说"的原则。初学俄语应从字母入手,再过渡到单词、句子。训练学生听辨能力的同时进行模仿训练。在教单词和句子时,从听入手,让学生感知读音,放手让学生模仿,教师不要过多讲解。过多地讲解单词怎么发音,句子怎么读,字母组合发什么音,或者字母在这个单词中的发音与在那个单词中的发音如何不同,这些条条框框对学生来说为时尚早,学生也无法理解。语音是一个概括性词,除了基本读音,还包括重音、语调等,它们是相互联系的。俄语单词的重音决定字母怎么发音,这些都需要在听中感知、在听中学习。

(三)强化语音训练

语音学习需要大量的练习,需要从模仿开始,从机械性训练入手。我们要有意识地加大机械性训练,从单音练习开始,训练学生的重音、语调、拼读技能。在教授单词时,特别是教授多音节且很难发音的单词时,可以采用单独发音、置于单词中发音、与其他单词或字母发音对比、把单词写在黑板上解释怎样发音、让学生集体重复发音、让学生单独重复发音以及排序、比较异同、找出发音不同等形式。

例如,教师在教授元音 А、О、У、Э 的发音时,可以给学生指出口型的变化规律,即口腔逐渐缩小。学生模仿教具图片上的口型,或者对照镜子反复强化训练,就可以不断巩固发音口型,确保标准发音。

再如,浊辅音(颤音)Р 是俄语发音学习中的难点,因此机械性的强化练习十分必要。教科书中提供了循序渐进的练习方式:拼读以 Р 开头的单音节,拼读以 Р 结尾的单音节,借助清辅音 Т 拼读,拼读带有 Р 的单音节单词,将带有 Р 的单词分音节拼读。参考教材示例 3-1(初中七年级全一册 第 22 页)。

2 听录音并跟读，注意 p 的读音。

ра — ро — ру — рэ — ри — ры
ра — ар ро — ор ру — ур рэ — эр ри — ир
пар — рат тар — рат
тор — рот тур — рут
тэр — рэт кар — рак
бра — брат тро — у́тро
игр — тигр орт — торт

кар-ти-на	док-тор	пар-та	ры-ба
карти́на	до́ктор	па́рта	ры́ба
торт	ру-ка	кар-та	У-ра!
	рука́	ка́рта	Ура́!

教材示例 3-1

此外,重音和调型练习也是俄语教学中很重要的环节。我们可以用手势、声音或黑板挂图的方式来表达。教师在教授新单词、新句子时要有强调重音的意识并示范说明。教师还应以身作则,确保上课用语的语音语调标准,尽可能给学生提供正向引导。教师可以引用实例,给出对比,引导学生发现、关注、理解重音和调型的重要性。

学生通过实例会发现,对于拼写完全相同的单词,重音决定了它们的意义。例如,му́ка 意为"痛苦,苦难",мука́ 意为"面粉",за́мок 意为"城堡",замо́к 意为"锁"。

教师在教学过程中还可通过手势画出调型图,给学生提供动态展示,强化学生的记忆和理解。学生通过调型图和句子的对比,能够掌握调型 1 和调型 3。参考教材示例 3-2(初中七年级全一册 第 13 页)。

调型 3

调型 3 通常用于不带疑问词的疑问句,如 Ма́ма до́ма? Это дом?

9 听录音并跟读,对比两个句子的语调有什么不同。

调型 1	调型 3
1) Ма́ма тут.	2) Ма́ма тут?
3) Это дом.	4) Это дом?
5) Ма́ма до́ма.	6) Ма́ма до́ма?
7) Она́ тут.	8) Она́ тут?
9) Па́па там.	10) Па́па там?

教材示例 3-2

教师在语音教学中采用的其他方式有:形象记忆讲练,化整为零讲练,利用母语优势讲练,集中强化讲练,运用歌曲、游戏、诵读等讲练。可以在实践中进一步创新方法,以利于学生的俄语学习。以下提供教学实例片段仅供参考。

实例一:

俄语辅音分为清辅音和浊辅音,教师可以教学生通过判断声带振动情况和观察发音口型进行学习,对比了解清辅音和浊辅音的发音特点。教科书中针对该内容也提供了大量练习素材,教师可以有选择地灵活使用。参考教材示例3-3(初中七年级全一册 第25-26页)。

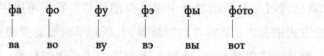

11 听录音并跟读,注意ф和в的区别。哪个发音时声带振动,哪个发音时声带不振动。

фа	фо	фу	фэ	фы	фо́то
ва	во	ву	вэ	вы	вот

12 听录音并跟读,照镜子观察辅音[ф]和[в]的发音口型。

а — фа — ва　о — фо — во　у — фу — ву　э — фэ — вэ　ы — фы — вы
эф — вэ　аф — ва　оф — во　уф — ву　иф — вы　фаф — ваф　фоф — воф
фуф — вуф

教材示例 3-3

实例二:

俄语中的许多绕口令特别适合进行语音训练,通过诵读绕口令,学生能够带着兴趣度过略显"枯燥单一"的语音学习阶段。

例如下列三则绕口令是针对 ш,с,г,р,ч 字母的训练。

(1)Шла Саша по шоссе и сосала сушку.

(2)До города дорога в гору, от города с горы.

(3)Черепаха, не скучна, час сидит за чашкой чая.

实例三:

语音学习阶段,我们还可以利用母语的优势。字母 ч 的发音规则是双唇稍圆撮,舌前部向上抬起,舌尖、舌前部与上齿龈构成阻塞,气流通过时阻塞微启,形成缝隙,气流通过缝隙摩擦成音,声带不振动,总是发软音。学生通读发音规则后,并不能有一个直观的认识,教师在教授过程中可以将字母 ч 的发音与汉语"qi"类比,可以先让学生发"qi",然后对照唇形,双唇稍向前伸,声带不振动。

（四）结合教学活动

语音教学可与词汇、阅读、听力、口语等教学活动相结合。语言是语音和意义的结合体,在学生学习词汇和进行阅读、听力、口语训练活动的过程中,必然会遇到语音的问题,因此,语音的教学应该贯穿于中学俄语教学的各个环节。例如,我们可以把学生学过的能够体现俄语单词读音规律的词,放在一起进行语音训练,这一方面可以使学生体会、总结俄语拼读的规律,集中训练某些重要的语音项目,另一方面也可以帮助学生复习巩固,记忆单词。

在阅读教学中,可以进行一定的朗读训练。俄语的儿歌、韵律诗、绕口令等都是很好的语音训练材料。语音是口语教学的基础,语音教学的根本目标在于使学生通过正确的语音语调提高语用能力。在口语教学中,我们可以发现学生在语音方面存在的问题,从而有针对性地进行语音训练。

三、俄语教科书中语音知识教学活动例解

初中七年级全一册首先用汉语介绍俄语发音的规则,介绍语音训练的方法。例如将手指按在喉咙两侧,体会清辅音和浊辅音的区别,哪个发音时声带振动,哪个发音时声带不振动。接下来安排了足量的音组和单词等拼读材料,训练学生掌握正确的语音、语调,突破拼读关。例如,在初学阶段语音教学主要通过模仿来进行,多次听音、反复模仿和实践,能够帮助学生养成良好的发音习惯。教师应该如何进行语音教学,以下方法可供教师参考。

（一）采用自然拼读法

引导学生根据单词形音对应的规律自然拼读单词,重点培养学生的独立拼读能力,可解决学生在识词过程中的词语发音问题。在语音教学中,教师要教会学生查字典,使学生具有更好的预习能力和自学能力。如学习字母"A"的发音时,配图（初中七年级全一册 第 1 页）帮助学生理解字母"A"的文本意义。学

习音组"Hy! Hy!"时,配图(初中七年级全一册 第2页)帮助学生理解"Hy! Hy!"的文本意义。有些练习,则直接将文本意义写在练习要求中,参考教材示例3-4(初中七年级全一册 第4页)。

7. 看图并注意听,俄罗斯人常常这样呼唤走失的伙伴。用这个句式做游戏。
A - ý, Анна!
A - ý, Антóн!

教材示例 3-4

(二)加强语音模仿

通过听录音、看视频、唱歌谣、观察教师口型并跟读等方式,让学生多听、多读、多练,自然模仿。语音学习最有效的方法是直接模仿正确的发音和语调。在教学中,教师应该让学生多听、多模仿,既要模仿教师的语音,更要模仿音频和视频材料中俄语本族语者的语音。

实例一:

初学阶段,可以听读由简单句组成的短小语篇,在语篇中感知语音、语调及连读方式。

实例二:

字母歌能够帮助学生记忆字母表,提升学生的学习兴趣。歌曲能够锻炼学生的拼读和发音,掌握元音弱化和清浊辅音等发音规则。

实例三:教材示例3-5(初中七年级全一册 第47、72页)。

18. 听录音并跟读,注意连读。

Это мой дом. Там моя́ кóмната. Вот моё окнó. А э́то мой брат Юра.

六 测试自己的记忆力。

21. 听录音学唱字母歌。比一比谁第一个学会这首歌。

22. 听歌学唱:Дóброе ýтро! 比一比谁第一个学会这首歌。

Дóброе ýтро!

Дóброе ýтро, дóброе ýтро!

Дóброе ýтро, ми́лый (亲爱的)мой пáпа!

Дóброе ýтро, ми́лая мáма!

教材示例 3-5

学习完 33 个俄语字母后,学生可以学唱耳熟能详的歌曲《莫斯科郊外的晚上》。学生熟悉这首歌曲的汉语歌词,知道歌曲表达的意境,就可以在听歌曲的过程中,标记元音弱化、清浊辅音、连读等发音规则,模仿跟唱,体会俄语之美,陶冶艺术情操。教师亦可播放短片,补充介绍文化知识,提升学生的学习热情。

Подмосковные вечера	莫斯科郊外的晚上
Не слышны в саду даже шорохи,	深夜花园里四处静悄悄
Всё здесь замерло до утра,	树叶也不再沙沙响
Если б знали вы, как мне дороги	夜色多么好令我心神往
Подмосковные вечера.	在这迷人的晚上
Если б знали вы, как мне дороги	夜色多么好令我心神往
Подмосковные вечера.	在这迷人的晚上
Речка движется и не движется,	小河静静流微微泛波浪
Вся из лунного серебра,	明月照水面闪银光
Песня слышится и не слышится,	依稀听得到有人轻声唱
В эти тихие вечера.	多么幽静的晚上
Песня слышится и не слышится,	依稀听得到有人轻声唱
В эти тихие вечера.	多么幽静的晚上

(三)总结并利用发音规则

教师可通过相同发音的单词来引导学生学习新单词的发音,发现发音规则。对于不符合常规发音的单词,要注意通过模仿原声来学习。例如:听录音并跟读,注意 м 和 н 的发音(初中七年级全一册 第 2 页);听读句子/对话并找出与其内容相符的图,参考教材示例 3-6(初中七年级全一册 第 46 页)。

在中学阶段,俄语教科书中的语音知识是螺旋式呈现的,贯穿于各年级各册教学之中,教师应足够重视并不断开展强化训练。语音教学,课堂是主阵地,我们要形成有效的语音教学意识,根据学生实际情况,研究设计语音教学途径,采用不同的语音教学策略。

14 听读对话并把它写在相应的图下。
1) — Аý, дéти, где вы?
— Аý, мáма. Мы тут.
2) — Антóн, ты дóма?
— Да.
3) — Где Пéтя?
— Он там.
4) — Где Аня?
— Онá там.
5) — Где Гáля и Лю́ба?
— Онú там.
6) — Лéна! Где Кóля?
— Кóля? Он здесь.
7) — Лéна! Где мáма?
— Мáма? Онá там.

教材示例 3-6

四、语音知识教学活动创新设计示例

课例名片

年　　级:七年级

执 教 者:黑河市第四中学　马月婷

教学内容:人教版　义务教育教科书　俄语
七年级全一册　第3课
辅音字母"Лл""Рр"

一、分析

1.学习需求分析

基础阶段,学生需要通过对字母的学习,为未来的俄语单词、语法及语篇的学习打好坚实的基础。在前两课的学习中,学生已经学会了6个元音字母和9个辅音字母的发音及书写,能够正确拼读并书写音节和单词。本节课学生将继续学习新字母"Лл"和"Рр",这两个字母发音的特殊性,对学生的学习能力提出了新的要求。

2. 学习内容分析

本课的学习内容主要围绕字母"Лл"和"Pp"展开。首先要让学生了解这两个字母的发音部位,学习这两个字母的正确发音,然后通过书写和图片展示,让学生学习这两个字母的正确写法。在学会正确的发音和书写之后,结合前两课所学的字母来学习新单词,进而运用调型1朗读句子。让学生把新旧知识结合,学有所得,并应用于日常生活中。

3. 学习者特征分析

本节课的教学对象为七年级新生。经过小学的基础教育,学生基本养成了一定的学习习惯,但是俄语这一学科对他们来说还较为陌生。为了让学生尽快入门,打好学习俄语的基础,教师要进行正确的引导和适当的鼓励,给他们可以学好这一学科的信心。

二、设计

1. 教学目标设计

教学方法:讲授法、直观演示法、练习法。

教学目标:

语言能力:学生能够正确朗读、书写这两个字母,能正确拼读并书写新单词。在单词的基础上,运用调型1读句子。

文化意识:学生能够区分汉语和俄语的差异,并能够发现俄语的魅力。

思维品质:学生能够在学习俄语字母的发音、书写和拼读单词的过程中感知俄语思维。

学习能力:学生能够举一反三,根据已经学习过的发音规则和调型来学习新的内容。

教学重点:字母"Лл"和"Pp"的发音、书写以及和元音字母的拼读。

教学难点:字母"Лл"和"Pp"发音方式的区别;正确发出字母"Pp"的读音;在拼读和书写单词时要注意区分单词中出现的是哪个字母,避免书写错误。

2. 教学策略设计

在句子和对话的朗读过程中,学生可以迅速地将学过的内容和新学习的内容相结合,既学习了新的知识,同时又复习了学过的知识,加深了对基础知识的理解,为学习俄语语法奠定了基础。

3. 教学过程设计

环节一:导入。

教师播放字母歌视频,复习学过的字母,引入本节课的内容

 Алфави́т 字母表

印刷体	手写体	字母名称	举例	印刷体	手写体	字母名称	举例
А а	*Аа*	а	Анна	П п	*Пп*	пэ	па́па
Б б	*Бб*	бэ	ба́бушка	Р р	*Рр*	эр	река́
В в	*Вв*	вэ	ваш	С с	*Сс*	эс	спаси́бо
Г г	*Гг*	гэ	газе́та	Т т	*Тт*	тэ	тетра́дь
Д д	*Дд*	дэ	дом	У у	*Уу*	у	уче́бник
Е е	*Ее*	йэ	его́	Ф ф	*Фф*	эф	фру́кты
Ё ё	*Ёё*	йо	ёлка	Х х	*Хх*	ха	хорошо́
Ж ж	*Жж*	жэ	журна́л	Ц ц	*Цц*	цэ	цвет
З з	*Зз*	зэ	зу́бы	Ч ч	*Чч*	чэ	четы́ре
И и	*Ии*	и	и́мя	Ш ш	*Шш*	ша	шко́льник
Й й	*Йй*	и кра́ткое	май	Щ щ	*Щщ*	ща	щётка
К к	*Кк*	ка	кни́га	ъ	*ъ*	твердый знак	объясня́ть
Л л	*Лл*	эл(ь)	ла́мпа	ы	*ы*	ы	ты
М м	*Мм*	эм	ма́ма	ь	*ь*	мя́гкий знак	портфе́ль
Н н	*Нн*	эн	нога́	Э э	*Ээ*	э	э́то
О о	*Оо*	о	окно́	Ю ю	*Юю*	йу	ю́бка
				Я я	*Яя*	йа	я́блоко

(人教版 初中七年级全一册 字母表)

设计意图:学生一边观看视频中字母出现的顺序,一边跟唱字母歌。字母是学习外语的基础,本环节可以让学生更加直观地复习俄语字母并对应记忆字母名称。

环节二:新课展示。

1. 教师展示字母卡片,直观地给出本节课学习的主要内容

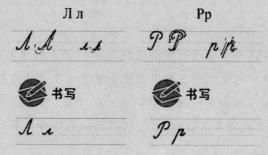

(人教版 七年级全一册 第21页)

设计意图:展示图片可以让学生直观地了解到本节课的学习重点是字母"Лл"和"Рр"。图片上分别有这两个字母的手写体和印刷体,可以帮助学生加深记忆。

2. 教师讲解两个字母的发音部位和技巧,并指导学生书写两个字母的手写体。

由于字母"Лл"和"Рр"的发音部位和发音方式比较特殊,教师需要向学生展示这两个字母发音时口型和舌位的图片,让学生更加直观地了解发音部位。展示图片后,教师现场示范发音,通过区分舌头是否震动,让学生感受两个字母发音的共同点以及不同点。

设计意图:让学生快速掌握字母的正确发音,并且让他们能标准地写出两个辅音字母的手写体,为学习新单词打好基础。

3. 讲解新单词,展示图片和图片相对应的单词,让学生对新单词产生直观的印象。

мо-ло-ко	лам-па
молокó	лáмпа
ры-ба	тигр
рыба	

(人教版 七年级全一册 第22页)

设计意图:图片和单词对应的形式,可以让学生快速记忆单词及其含义。单词的手写体由教师以板书的形式呈现出来,学生以此来学习单词的标准手写体形式。

4. 看单词,标重音。

МОЛОКО   рыба
тигр   лампа

设计意图:俄语中单词的重音是决定单词读音的重要因素,尤其是在基础阶段,准确地记住每个单词的重音非常重要。学生在课堂上通过不断的拼读、练习来加深对每个单词重音的记忆,可以在很大程度上避免学生在课下出现重音不准的情况,从而为以后的听力和口语训练打好基础。

5. 翻译句子。并让学生用调型 1 朗读句子。

| МО-ЛО-КО
МОЛОКО́ | 例句:
这是牛奶。   Это молоко.
牛奶在这里。   Молоко тут.
牛奶在那里。   Молоко там. |

设计意图:学生在练习本上写出句子的正确翻译,并用调型 1 朗读出来。这既可以锻炼学生的基本书写能力,也有利于提高学生的口语水平。可以促进学生听、说、读、写能力的全面协调发展。

环节三:总结评价。

看图造句,评价学生的学习成果。

设计意图:可以让学生再一次强化记忆,加深对单词的印象,增强学生对单词的实际运用能力;同时,及时的总结和评价可以生成有效的反馈,从而帮助教师实施更有效的教学活动。

环节四:布置家庭作业。

1. 学生能够掌握字母"Лл"和"Рр"的正确发音,并能书写标准。

2. 学生能够正确拼读单词 тигр，молоко，лампа，рыба，能熟练写出这些单词的印刷体，熟记它们的汉语意思。

3. 学生能够运用这些单词简单造句。如：

Это….　　　… тут.　　　… там.

三、评价

1. 形成性评价

本节课的形成性评价主要评价学生在上课过程中的参与情况，尤其是是否愿意参与和尝试完成老师在课堂上布置的任务，是否愿意主动学习，以此评价学生的学习意识和学习态度。

2. 终结性评价

本节课的终结性评价主要评价学生的拼读和造句等基本的语言能力。

四、反馈修正

此次设计是基于前几课的教学效果进行修改的。前几节课主要是教师主导，没有突出体现学生的主体性，教师讲得过多，而学生主动学习的时间比较少，课堂学习效率较低。本节课的设计，突出了学生的主体性，教师负责基础知识的讲解，学生自主学习的机会较多，学习积极性明显提高，有效地提高了学习效率。

语音教学是俄语教学的基础工作，中学生对语音比较敏感，语音感知能力和模仿能力都比较强，听音模仿的准确率较高，敢于开口说俄语。教师可以创设情境，让学生听录音并且模仿，充分利用学生在语言学习方面的优势。因此，教师必须要把培养语音能力作为自己的教学目标之一，培养学生标准的语音，教师自身也要具备全面的俄语语音知识和良好的语音教学能力。语音不仅是教学的需要，也是展示教师自身专业素养的一个重要方面。教师良好的俄语语音面貌不仅是激励学生学好俄语的重要因素，在培养学生听力上方面起到重要作用。

第二节　词汇教学

　　词汇是语言知识的三大要素之一,是语言中所有词的总和。词具有一个或一个以上的词汇意义;词与词在词汇意义上具有同义或反义等关系;词由词根、前缀、后缀和词尾等词素构成。词汇知识包括词汇的基本意义、文化含义和构词方法等,词汇是语言交际不可缺少的基本单位,也是制约学生语言能力的重要因素。课标中对词汇知识内容的要求如表3-3、表3-4所示。

表3-3　《义务教育俄语课程标准(2022)年版》词汇知识内容要求

年　级	内容描述
7年级	1.掌握词汇的基本意义。 2.了解词汇的文化含义。 3.了解词的词根、前缀、后缀和词尾。 4.了解基本的构词方法。
8年级	1.能进行简单的构词分析。 2.能辨别同义词和反义词。 3.理解词汇的文化含义。 4.掌握基本的日常用语。
9年级	1.累计掌握817个必学词。 2.运用日常用语进行基本的交际。 3.能根据主题、语篇与情境选择合适的词、词组开展言语活动。 4.运用词汇知识理解、表达与主题相关的主要信息和观点。

表3-4　《普通高中俄语课程标准(2017)年版》词汇知识内容要求

课程类别	内容要求
必修	1.了解常见的构词前缀、后缀。 2.识别同义词和反义词。 3.掌握不少于500个必学词和一定数量的词组。

续表

课程类别	内容要求
选择性必修	1. 了解常见的构词前缀、后缀。 2. 简单辨析同义词、近义词。 3. 掌握不少于 700 个必学词和一定数量的词组。
选修— 提高类	1. 运用构词知识、上下文语境正确理解词汇意义。 2. 借助词典等工具辨析语篇中的同义词和近义词。 3. 掌握词的词汇意义和搭配关系。 4. 根据主题、情境选择合适的词汇进行言语活动。

一、中学俄语词汇知识教学现状

在词汇教学中,教师受传统俄语教学理念影响,没有真正做到以生为本,还存在一定的"填鸭式""满堂灌"等教学现象。课堂情境设计时,容易忽视词汇在主题情境中的运用。师生之间课堂互动较少,俄语词汇教学的课堂情境设计不够生动,因此不能有效激发学生学习词汇的积极性。

在教学方法方面,个别俄语教师还不能运用有效的教学方法来对学生的词汇学习进行专业的指导,导致学生的词汇学习效果不尽如人意。相较于初中俄语,高中俄语课文、补充阅读材料和理解题中的生词显著增加,词义也更加丰富,不少学生在学习词汇时感到难以记忆和理解,或者即使当时记住,过后也很容易遗忘。究其原因,主要是学生只重视对单个词的记忆,而没有将词汇融入语篇、情境中进行理解记忆,导致只见树木不见森林,甚至经常出现单词拼写错误、词义混淆使用等现象。学生认识不到词汇是俄语学习和应用之本,在词汇学习上不下功夫,教学效果、学习效果自然就会受到影响。

二、中学俄语词汇知识基本要求与教学建议

2017 年版课标在教学提示中指出:"词汇学习不是单一、孤立地记忆单词,而应为语言运用服务。俄语词语形态变化丰富,支配关系复杂。教师可指导学

生利用构词知识及具体语境理解词语的意义,引导学生通过词组、句子和语篇熟悉词语的变化形式,掌握词语的搭配关系,养成在具体语境中学习词汇的习惯。"①词汇量不足会影响听说读写技能的发展,进而影响语言的运用。如何理解词汇教学,如何完善词汇教学,词汇教学需要遵循哪些原则,使用什么教学方法开展词汇教学,是俄语教师需要思考并且要在教学实践中不断探索的课题。

(一)在语境中进行词汇教学

词汇学习离不开语境,脱离语境的单词学习是无意义的。词汇的记忆需要练习与实践,如果学过的单词不在句子中重现,那么学生即使记忆了,也只是暂时记忆,而不能在语境中正确使用。因此,教师要注意让学生在多种语境中运用所学词汇,尽量做到"词不离句,句不离词"。俄语学习的最终目的是用俄语进行交流,教师要通过创设贴近学生生活的语境来开展教学,在词汇教学中强化语境和语义的解释说明,缺乏语境和语义的单词解释容易让学生在使用中出现偏差。词义是依托语境和内容的,教师在讲新词时,要提供一些例句,帮助学生熟悉词语的用法和搭配。语境影响着词义的理解,词义的表达依赖语境。词汇和语境之间是相互关联的,词汇总存在于一定的语境中。教师要结合语境进行词汇教学,同时应该鼓励、引导和帮助学生培养必要的语境意识。鼓励学生根据上下文去猜测单词的意思是非常有效的办法,下面用名词 история 和动词 отправлять//отправить 进行说明。

实例一:

在教科书单词表中单词 история 的释义为"历史;故事"。学生通过学习词组 урок истории 能够理解"历史"这一词义。为帮助学生理解 история 表达"故事"时的用法,教师可以给出示例 история моего детства, рассказывать разные истории 等,结合语境理解词义和用法。值得注意的是,俄语中的很多单词都具有多个意义,通过教师的引导,学生能够更加正确、恰当地使用单词。这就避免了常见现象:学生在作文中使用查字典得到的单词,由于只注重汉语意思,未结合实际语境,因此往往词不达意。

---

① 中华人民共和国教育部.普通高中俄语课程标准(2017 年版)[M].北京:人民教育出版社,2018:19.

实例二：

众所周知,动词在语言表达中起着重要作用,正确掌握动词的用法是完成交际任务的前提保障。以动词 отправлять//отправить 为例,教科书中给出动词的变位、支配关系和词义(寄;去;派出),在文本中仅提供了"寄"这一词义的用法:"Мать-природа отправила своему сыну письмо."。教师可在讲解单词时补充例句"Родители хотят отправить детей к бабушке в деревню."。

针对一词多义的学习,教科书中的讲解也帮助学生将已学知识和新学知识进行了有效串联。例如教科书编者在"Вы уже знаете"板块给出动词 ставить//поставить что?(цветы, стол)куда?(на стол, к окну),在"Вы уже знаете"板块给出 ставить//поставить что?(пятёрку)кому?(ученику, ученице)куда?(в дневник, в тетрадь)。通过这种方式,学生能够将单词的两个意义联系起来。

(二)词汇的归纳与总结

学生在学习词汇的过程中最大的问题就是遗忘。学过的单词如果得不到及时的巩固,很快就会被遗忘,尤其是新词,学生学得快,忘得也快。教师要及时地进行词汇的归纳与总结,帮助学生复习巩固已经学过的词汇,确保学习效果。归纳总结可以根据词本身的特点以及词与词之间的各种关系进行。按照遗忘规律复习巩固是词汇学习的有效手段,可以让学生通过听、说、读、写等活动运用词汇,如标注词汇、找出不同、描述和画图、做游戏、使用同系列单词、词语联想、找同义词或反义词、词汇分类、使用词汇网、利用网络资源等,使单词的短时记忆通过有时间间隔的多次重复与刺激,转化为长时记忆,达到牢记不忘的词汇教学效果。

1. 根据构词法引导学生理解记忆词汇

很多俄语单词都是加前缀和后缀之后变成的派生词。因此,根据构词法教授词汇和学习词汇不仅重要,而且很有效。有的词缀本身有意义,有的则没有。常见的词缀有:-тель(писатель, учитель, преподаватель, читатель), -ость(трудность, новость, радость, уверенность)等。掌握了上面的词缀,再学习一些词根,很快就能联想出以该词根为中心的一系列词。运用词根、构词法知

识记忆单词,可以举一反三,掌握许多意义关联的词语。中学俄语所接触的构词法主要有两种:前缀、后缀。例如:

(1)联系记忆法。

同义联系。如:директор, врач, мама, мать, папа, отец。

反义联系。如:младший, старший, большой, маленький, высокий, низкий, хороший, плохой。

类义联系。如:берёза, ёлка, утром, днём, вечером, ночью, утро, день, вечер, ночь。

对应联系。如:город, деревня。

(2)构词记忆法。

根据构词法记忆单词,就像摘葡萄一样,抓住关键的词根区分记忆,一记一大串。例如词根"-уч-"可以派生出 учить, учиться, изучать, учебный, учебник, ученик, ученица, учитель, учительница, учёный 等。

(3)同义词和反义词。

俄语中的同义词和反义词非常丰富。在教授新词汇时,联系与它意义相同或相近的同义词,且分析出它们之间细微的语义差别是十分必要的。

(4)关注在词义和构词方面有关联的词(如 идти, пойти, выйти, прийти 等),关注一词多义现象(如 идти 的不同词义:"Он идёт в школу.";"Идёт урок.";"Идёт дождь."等)和约定俗成的固定搭配(如 есть суп, чёрный чай 等)。

(5)主题词群归类法。

主题词群归类可以把同一主题的单词集中起来,使之条理化、系统化、门类化,这样便于记住生词。主题词群归类不强求划一,各人可根据自己的具体情况选择不同的主题词群归类法。下面以"时间"和"月份"来说明这种归类法。

时间:век, год, месяц, неделя, сутки, день, ночь, час, четверть, минута, секунда。

月份:январь, февраль, март, апрель, май, июнь, июль, август, сентябрь, октябрь, ноябрь, декабрь。

2. 用拼读规则教单词

俄语绝大部分单词的拼读和拼写有着相互联系,这个联系就是规则。教师要借助这个拐杖,实时讲授相关知识并进行适当练习。从元音字母在单词中的读音开始,再过渡到元音字母组合的发音和辅音字母组合的发音,训练学生按照读音规则拼读、拼写单词,逐渐形成见新单词能读其音、写其形的能力。

例如,第一课时学生学习音节和重音,从拼读 а,но,да,тут 等单音节词过渡到 мама,бабушка 等多音节词。掌握元音弱化和清浊辅音后,能够正确拼读 молоко,шоколад,вход 等词。经过语音阶段的系统学习,学生开始学习第一个话题"自我介绍(немного о себе)",能够拼读"Давайте познакомимся!",尽管学生并未学习第一人称命令式这一语法知识,但是学生可以正确拼读该句话,借助汉语释义知道其含义,可在会话中运用表达。

学生喜欢挑战新事物,教师可以给出俄语单词 лаборатория,холодильник,достопримечательность,международный,жизнерадостный,让学生利用拼读规则划分音节,找出元音弱化,开展竞赛活动。

3. 联想猜测

俄语课程标准规定学生要能根据上下文和构词法理解生词的含义,联想猜测就是这一要求的具体体现,它有助于培养学生的创造性思维。教学时,教师可根据话题内容或教科书图示让学生猜测词义,也可以根据教科书语句、教科书文本、语法结构、构词法知识等,更可以根据词语之间的意义关联引导学生猜测词义。

义务教育教科书和普通高中教科书在短文学习过程中会引导学生利用边注提示,结合上下文猜测生词含义,通过该训练,学生可以形成结合上下文理解词义的良好学习习惯。以«Где мой портфель?»为例,主人公放学回家告知妈妈发生的事情,提到"Мама, я потерял портфель. Там все мои учебники.",妈妈听到后询问主人公"Где ты был? Что ты делал?",学生通过一问一答能够推知,此处动词 потерял 所表达的含义,参考教材示例3-7(初中八年级全一册 第14页)。

26 朗读课文并完成下列任务。

Где мой портфéль?

Пóсле шкóлы Антóн говорит мáме:

— Мáма, я потеря́л портфéль! Там все мои́ учéбники.

— Ты потеря́л портфéль? А где ты был? Что ты дéлал?

— Утром я был дóма... Зáвтракал.

— Портфéль у тебя́ был?

— Был. Потóм я был в шкóле...

— Портфéль у тебя́ был?

— Был. В шкóле я учи́л урóки. Потóм я был в библиотéке.

— Портфéль у тебя́ был?

— Был. Я чита́л журнáл в библиотéке... Потóм я обéдал в столóвой.

— Портфéль у тебя́ был?

— Был. Потóм я игра́л в футбóл на плоша́дке.

— Портфéль у тебя́ был?

— Был. Потóм я был у Сáши. Мы вмéсте игрáли на компьютере.

Как вы понимáете «потеря́л»?

Почемý дéлал, а не дéлаешь?

Почемý чита́л, а не читáешь?

Почемý Сáши, а не Сáша?

教材示例 3-7

这样做既有思又有趣。对于缺乏学习兴趣的学生来说,单词学习兴味索然,我们要有意识地在语句中、文章中、情境中培养学生的猜词能力,激发他们的学习兴趣。

(三)俄语释义教学

用俄语教授新单词是俄语教学的有效方式之一,这种方式叫作"俄语释义法"。从某种程度上来说,就是利用"旧"词学新词,用学生们已知的简单、熟悉的词汇解释新单词和新语句。用俄语组织教学不仅有利于词汇等语言知识的学习,更有利于学生听力技能的发展和口语表达,因为学生在听的过程中会不自觉地重复教师的话语。对于具有一定词汇基础的高中生来说,结合语境用俄语来解释单词,对于他们准确掌握所学词汇有着积极的意义,这也非常符合新课标提出的"培养学生用俄语思维"的理念。例如俄语单词 болеть 具有两个意义,如果将这两个意义结合具体情境,依托语篇,学生印象

就会更加深刻。教科书中提供的对话给出了详细解答,参考教材示例3-8
(高中选择性必修一 第6页)。

6. Прослу́шайте и прочита́йте диало́г по телефо́ну ме́жду Ли Ми́ном и Ни́ной.
   Скажи́те, заче́м Ли Мин звони́л Ни́не. Что вы зна́ете о глаго́лах *боле́ть¹* и *боле́ть²*.

   — Здра́вствуй, Ни́на. Мне нужна́ твоя́ по́мощь.

   — Здра́вствуй, Ли Мин. Что случи́лось?

   — Не волну́йся, со мной всё в поря́дке. Ни́на, объясни́, пожа́луйста, в
   предложе́ниях «Я боле́ю» и «У меня́ боли́т голова́» оди́н и тот же глаго́л?

   — Нет. В ру́сском языке́ есть два глаго́ла. Если ты посмо́тришь в слова́рь, то
   уви́дишь там глаго́лы *боле́ть¹* и *боле́ть²*.

   — Кака́я ра́зница ме́жду ни́ми?

   — Пе́рвый глаго́л *боле́ть¹* зна́чит *пло́хо себя́ чу́вствовать*. Наприме́р: Я
   боле́ю. А второ́й глаго́л *боле́ть²* зна́чит *чу́вствовать где́-нибудь боль*.
   Наприме́р: Зуб боли́т.

   — Поня́тно. А в чём ра́зница ме́жду глаго́лами *заболе́ть* и *боле́ть*?

   — Глаго́л *заболе́ть* зна́чит *нача́ть боле́ть*. Наприме́р: Ли Мин вчера́ пил холо́дную
   во́ду и заболе́л. Если ты бу́дешь пить холо́дную во́ду, то то́же заболе́ешь. А
   глаго́л *боле́ть* зна́чит *быть больны́м*. Наприме́р: Он боле́ет гри́ппом.

教材示例 3-8

(四)借助实物、图片、视频等解释单词

对于初学者而言,利用图片、实物展示词汇意义可以起到事半功倍的作用。
教师也可通过模仿或肢体动作展示词汇意义,例如讲解名词 рука 和 нога 时,因
为前者意为"手,手臂",后者意为"脚,腿",而在汉语中手和手臂、脚和腿是两
个概念。

此外,教师还可进行看图说话练习,如提供图片"学习用具",通过句式
"Это…, а это…"激活学生已经学过的单词。参考教材示例3-9(初中七年级
全一册 第59页)。

уче́бник тетра́дь ру́чка

журна́л каранда́ш

слова́рь бума́га

教材示例 3-9

对于人物、动物、物体等很多词汇,如果能借助图片等学习单词,理解和记忆的效果会更好。但是并不是每个单词都能够找到相应的图片,这种情况下教师可以引导学生借助单词的意义或解释进行想象。这种方法非常直观,可以缩短词汇呈现的时间,教学效果和学生的记忆效果都很好。

(五)复习再现与评价

教师要实时对词汇教与学的效度进行评价。评价可以采取定期复习的方式推进,按特定方式组织信息更便于记忆。例如:把相关信息放在一起,将新信息与已知信息联系起来。要提高词汇教学效率,巩固练习是关键,教师应知晓讲完词汇后该做什么,什么时候做,怎么做。尝试让学生通过各种手段,如视觉、听觉、行动或表演等方式来熟悉新学的单词,创造各种基于他们个体学习优势的方式熟记并运用新词汇等。教师需要注意,学生不是一教就会的,通常要在不同的语境或任务中多次重复,他们才能真正掌握所学的单词。

词汇学习是学生能力发展的重要组成部分,是一个内化、渐进的过程。词汇教学不能枯燥讲授,要避免死记硬背的模式,要创造高效的学习方法。同时,词汇教学也不仅仅是教单词的词义,还包括对词义的理解,要将课堂所学词汇内容与课堂外的世界密切联系。因此,教师在课堂词汇教学中,应牢牢抓住有限的教学时间,从学生的俄语学习特点、情感需求、学习实际情况等方面出发,采取合理有效的俄语词汇教学方法,让学生体会到俄语词汇学习的乐趣。

三、俄语教科书中词汇知识教学活动例解

(一)循序渐进

词汇教学,不能急于求成。想通过一两次的教授和复习就让学生学会且能够正确使用词汇是不现实的,也不符合语言学习规律。教师可以在教学中适当扩展,但扩展的原则要符合语言学习规律和学生的生理心理特点,不能一蹴而就。教师应有耐心,尝试多种词汇教学方法,配以适当的巩固练习和游戏竞赛等,帮助学生理解、记忆、内化与生成。

比如学习定向运动动词 идти, ехать, лететь 时,先引导学生了解它们之间的

区别、变位,逐步引申到接格关系和用法:куда → откуда → где(по какой улице),再扩展到加前缀的运动动词 пойти。这样围绕一个语法点慢慢滚雪球,当学生已经基本掌握了上述三个运动动词的变位、接格关系和用法之后,再进入下一个语法点:不定向运动动词 ходить,ездить,летать,然后再开始滚雪球。

(二)情境直观

中学生的形象思维特点明显,他们喜欢直观性学习方式。实物教学、图片教学、情境教学都是直观教学方法。这种教学方法能提高学生的学习热情和学习积极性,有助于学生的理解和记忆。实物、图示、简笔画、卡片、多媒体等都是初中俄语教学的有效手段。现行教科书中有许多有关日常生活话题和题材的词汇,教师可以用多媒体课件来呈现,让学生在情境中猜测、在情境中理解、在情境中交流。应尽量避免采用单调地直接板书新单词的教学方式,这种认读方法会使学生感觉词汇学习单调乏味。实践证明,采用形象思维的方式、在语境中进行词汇教学,不仅能使学生积极地掌握新词,而且还能使他们更好地理解教学内容,从而收到一举两得的效果。

学生经常会混淆 площадь 和 площадка 两词,借助图片,学生能够理解并牢记两词词义。教师可以借助图片为学生创设交际情境,巩固带前缀的运动动词的意义和用法。参考教材示例3-10(初中七年级全一册 第 57 页;初中九年级全一册 第 59 页)。

24 看图并按要求进行活动。

Юра пе́рвый раз пришёл в э́тот парк. Расскажи́, что он мо́жет уви́деть, е́сли пойдёт пря́мо, напра́во и нале́во.

Это пло́щадь и площа́дка.

教材示例 3-10

(三)巩固再现

"温故而知新"特别适用于中学俄语词汇的教与学。中学生的特点是记忆快、遗忘也快,这就需要教师经常复习再现。复习再现的方式有很多种,可采取集中与分散、情景说写、卡片背诵、游戏竞赛、单词接龙、词语解释、课堂拼读、字谜猜测、单词造句、绕口令等,让学生在情境中回忆、情境中使用。

实例一:单词接龙

друг—газета—адрес—самолёт—театр…

实例二:头脑风暴——与校园生活有关的词

школа, учитель, учебник, ученик, читать, писать, экзамен, площадка…

(四)横向联系

横向联系就是以构词法知识、词语搭配、语义关系等为视角开展词汇教学,如词根、词缀、同义词、反义词、话题词、类别词等。

教学中发现,学生会混淆 поздравлять 和 желать 两个词的用法。教科书中直观地给出了两个词的支配关系,加之贺卡文本,学生就能发现两个单词用法上的不同。参考教材示例3-11(初中八年级全一册 第241、242页)。

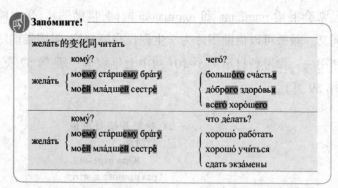

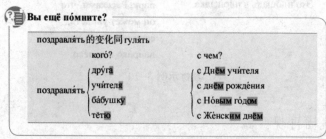

⑭ 模仿示例写贺卡。

Образе́ц: ма́ма, День ма́тери

> Дорога́я ма́ма!
>
> Поздравля́ю тебя́ с Днём ма́тери. Жела́ю тебе́ до́брого здоро́вья, большо́го сча́стья и всего́ са́мого хоро́шего.
>
> Твой сын.

1) па́па, День отца́
2) учи́тельница, День учи́теля
3) ма́ма, День ма́тери
4) друг, день рожде́ния
5) де́душка и ба́бушка, Но́вый год

教材示例 3-11

四、词汇知识教学活动创新设计示例

课例名片

年　　　级:初中八年级

执 教 者:张彦华

教学内容:人教版　义务教育教科书　俄语

八年级全一册　第 13 课

Кого вы поздравля́ете с пра́здником?

【主题名称】«Кого вы поздравля́ете с пра́здником?» 为"人与社会"主题范围,主要描写"社会文化"中的"文化习俗"。

【适用年级】8 年级

【教学时长】2 课时

【主题设计】本案例是语篇与情境下的词汇教学案例,强调在教学中依据情境,以词汇为主线,将语言知识与文化知识有机整合,通过感知、理解、巩固和文化对比等听说读写练习活动,使学生能将所学知识正确运用于交际情境。本案例教学时长设计为 2 课时,各学校可根据学情灵活掌握。

教学目标:

1. 依据情境复习与节日及生日主题相关的词汇、句式等语言知识;

2. 创设情境掌握与节日及生日主题相关的词汇、句式等语言知识;

3. 能运用所学语言知识和文化知识,能用俄语表达节日及生日祝贺和祝愿;

4. 了解俄罗斯部分节日及生日等的相关文化知识,并且与中国的相关知识进行对比。

教学内容:

1. 语言知识:

①与节日、生日及本课内容相关的主要词汇:

名词:праздник, подарок, здоровье, счастье, память, герой, конец, хозяйка, юноша。

形容词:женский, знакомый, самый, белый。

动词:купить, подарить, поздравлять, получать, желать, сдать, спешить, посылать, кричать, удивляться, целовать。

副词:совсем。

插入语:по-моему。

②与节日及生日内容相关的主要句型:

Мы поздравляем бабушку с праздником.

Мы поздравляем маму с днём рождения.

Мы желаем ей доброго здоровья, большого счастья и всего хорошего.

Мы сделали подарок для нашей любимой бабушки.

Мы получили подарок от этого старого друга.

2. 文化知识:

俄罗斯和中国部分节日及过生日等相关习俗对比。

3. 言语技能:

①根据情境能听懂与节日及生日相关的词汇和句型并且进行模仿及替换;

②根据情境能运用与节日及生日相关的词汇和句型独自表达祝贺和祝愿;

③根据情境能以对话或表演的形式运用与节日及生日相关的词汇和句型；

④根据情境能运用与节日及生日相关的词汇和句型书写贺卡，表达祝贺和祝愿；

⑤能用俄文或中文简单比较中俄两国部分节日及生日相关文化习俗的异同。

4.学习策略：

①能够对所学话题产生学习兴趣，具有主动学习的态度。

②能依据本话题所给出的情境理解词汇及句型并且能够正确运用。

③能积极主动地查阅俄罗斯与中国部分节日及生日文化习俗的异同。

教学手段：

展示与主题相关的节日及生日图片、音频和短视频。

教学过程：

1.情境导入

依据情境复习与本课话题相关的词汇和句型：

情境（ситуация）：Скоро День матери. Что вы обычно делаете в этот день?

> ▲покупать//купить кому что в подарок
>
> ▲дарить//подарить кому что
>
> ▲поздравлять//поздравить кого-что с чем
>
> Олег и Лена хотели купить маме красное платье в подарок.
>
> Мы подарили маме красивые цветы.
>
> Дети сделали подарок своей матери.
>
> Они поздравляют маму с Днём матери.
>
> 说明：通过教科书236页练习2、4题，240页练习9、10题，242页练习13题完成上述单词和句型的复习。

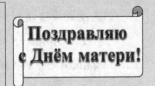

2.利用各种语境学习新单词

①根据情境感知、理解及学习本课新单词：

情境（ситуация）：Подарки и пожелания от родных и друзей в день Матери.

▲получать[未]//получить[完] что от кого 收到
получать: -аю, -аешь, -ают; получить: -чу, -чишь, -ат
получить письмо от матери/отца/брата/сестры/друга/подруги
получить подарки от сына/дочери/детей/друзей/сыновей/дочерей
Бабушка часто получает письма от Лены из Москвы.
Мама получила подарок от своего сына/своей дочери.
▲желать[未]//пожелать[完] кому чего, 动词不定式 希望;祝愿
желать: -аю, -аешь; -ают
желать маме здоровья/счастья/всего хорошего
желать сыну успехов в учёбе/хорошо учиться/сдать экзамен
Мы желаем нашей маме большого счастья и доброго здоровья.
▲счастье, -я [名,中]幸福
注意:счастье虽为本课生词,但可根据学过的形容词счастливый
(幸福的)猜出该词词义,通过词尾明确该词为名词即可,不用详细讲解。

> С Днём матери поздравляю! Желаю доброго здоровья, счастья и радости в каждой семье!

▲посылать[未]//послать[完] что кому; кого-что куда 寄出;派出
посылать: -аю, -аешь; -ают
послать: пошлю, пошлёшь; пошлют
послать подарок маме
послать письмо отцу
Мама послала деньги своей дочери.
Бабушка часто посылает письма Лене в Москву.
Директор послал учителя Вана учиться в Санкт-Петербург.
说明:通过完成教科书239页练习6、7题,241页练习11题,246页练习20题巩固所学单词和句型。

②通过所给语境材料学习新单词:

材料1 —Привет, Маша! Поздравляю тебя с Новым годом. Желаю тебе большого счастья и всего хорошего.

—Спасибо! Я тоже поздравляю тебя с Новым годом и желаю тебе хорошо *сдать* экзамены.

▲сдавать[未]//сдать[完] что 交还;参加;通过(考试)

сдавать: сдаю, сдаёшь; сдают

сдать: сдам, сдашь, сдаст; сдадим, сдадите, сдадут

сдать книги в библиотеку

сдать экзамен по математике

Учитель желает ученикам сдать экзамен.

Родители желают своим детям хорошо сдать все экзамены.

材料 2　Я уже написала：«Дорогая Оля！Поздравляю тебя с днём рождения. Желаю тебе большого счастья и всего хорошего. *Целую*. Твоя подруга Анна»

▲целовать［未］//поцеловать［完］кого-что 吻

целовать：целую, целуешь；целуют

целовать ребёнка/девочку/руку

Мама поцеловала дочь и ушла на работу.

材料 3　Получил/Получила твоё письмо и *спешу* ответить.

▲спешить［未］//поспешить［完］куда, 动词不定式　急于

спешить：-шу, -шишь；-шат

спешить домой/в школу/на работу/на поезд

спешить рассказать/написать

Девочка спешит сделать всё для своей бабушки.

材料 4　Антон купил открытки на *память* о Пекине.

▲память, -и［名, 阴］记忆力；纪念

У него хорошая память.

Анна подарила мне книгу на память о Москве.

材料 5　—Наташа, Наташа！

—Маша, не надо *кричать*！Почему ты так кричишь？

—Потому что я увидела Наташу.

▲кричать［未］叫喊

кричать：кричу, кричишь；кричат

Сейчас идёт урок. Нельзя кричать.

Маленький мальчик часто кричит. Это очень плохо.

材料 6　— Правда？ — *удивляется* Надя, — Я тебя поздравляю с днём рождения.

▲удивляться［未］//удивиться［完］кому-чему 惊讶, 惊奇

удивляться：-ляюсь, -ляешься；-ляются

удивиться：удивлюсь, удивишься；удивятся

удивиться ответу дочери

удивиться словам учителя

Все удивляются её странному(奇怪的) костюму.

③通过词根猜测学习新单词：

▲хозяйка, -и; -и[名, 阴] 女主人

可通过 хозяин(男主人)和词尾-a 判断该词词性和词义,不用详细讲解。

▲женский, -ая, -ое; -ие[形] 妇女的

可通过 жена(妻子), женщина(女人)和词尾-ий 判断该词词性和词义,不用详细讲解。

▲знакомый, -ая, -ое; -ые[形] 熟悉的;(用作名词) 熟人

可通过 знать (知道,了解,熟悉)和词尾-ый 判断该词词性和词义,不用详细讲解。

④通过学生自主学习即可掌握的新单词(教师课上通过听写检查掌握效果)：

名词:герой, -я; -и[阳] 英雄

конец, -нца; -цы[阳] 结束;尽头 (强调变格时有-е 脱落现象)

юноша, -и; -и, -ей [阳] 少年;青年人 (强调是以-a 结尾的阳性名词)

形容词:белый, -ая, -ое; -ые 白色的

代词:самый, -ая, -ое; -ые 最;正是

副词:совсем 完全

插入语:по-моему 依我看,我认为

固定短语:друг друга 互相 (强调只变化后面的词,按 друг 进行变格)

特别说明:本课词表中的词可根据需要分为两课时进行讲解：

第 1 课时:复习+①

第 2 课时:②+③+④

3. 根据情境巩固所学新单词

①根据语境材料巩固所学知识：

教科书 243 页第 17 题对话、247 页第 22 题对话、244 页第 18 题信件、249 页课文。

②通过完成教科书上练习题巩固所学知识：

教科书 240 页第 8 题、241 页第 12 题、242 页第 14 题、243 页第 16 题、246 页第 19～21 题。

4.设置情境,运用所学新单词

①按所给情境编对话

情境:Сегодня у Нины день рождения. Ребята поздравляют её.

②按所给情境写贺卡

情境: Завтра будет День учителя. Ребята хотят написать поздравления учителям.

③按所给情境写信

情境: В письме Антон хочет узнать, как китайцы празднуют праздник Весны. Ли Мин отвечает ему.

④按照提纲转述课文

План текста:

а. Сегодня у Пети день рождения.

б. День рождения Наташи в октябре.

в. Подарок Наташе от Нади.

г. Совет бабушки для Наташи.

⑤完成书上练习26—31题。

拓展部分:文化知识对比

中俄部分节日及过生日习俗对比:通过图片及短视频等资料展示中俄节日习俗的不同

1.在俄罗斯新年是最隆重的节日。12月31日午夜12点通常要打开传统的新年饮品——香槟,人们一起高呼“乌拉”并祝贺新年快乐!在中国春节是最隆重的节日。除夕午夜12点通常要吃饺子、放鞭炮,相互祝贺新年快乐!

2.在俄罗斯三八妇女节这一天,女职工通常能享受一天的假期。在家里丈夫通常把家务劳动全包下来,让妻子休息。在中国,在三八妇女节这天女职工通常有半天假期,可以好好休息,也会收到节日礼物。

俄语词汇教学的最终目的就是让学生学会有效灵活地应用词汇。教师要改变语言知识教学的传统观念，少用死记硬背的教学模式，不要仅重视词汇的讲解与传授，要从机械性讲练向内化应用性转变，从词汇的表层理解向深层理解过渡。要明确词汇教学的主要内容，善于探索词汇教学的新方法，根据教学内容、教学目标、中学生的认知特点，采用灵活多样的教学形式，尝试多维度的教学方式，灵活运用多种词汇教学策略，调动学生的学习积极性，帮助学生提高俄语词汇的学习效率，为学生的俄语学习打下坚实的基础。

第三节　语法教学

语法包括词法和句法两个部分。词法是词形变化规则的总和，句法指遣词造句的规则。语法知识包括各词类的词形变化和用法，以及句子结构、句子成分、简单句和复合句用法等。语法知识的学习要立足语篇，强调运用，在听、说、读、写的操练过程中认知、感受、记忆单词的变化形式、词组的组合形式和句子的构造规则，理解语言单位的意义和所表达的思想。课标中对语法知识内容的要求如表 3-5、表 3-6 所示。

表 3-5　《义务教育俄语课程标准（2022）年版》语法知识内容要求

年级		内容描述
7~9 年级	词法	1. 名词：掌握名词性、数、格的变化形式、意义和用法；掌握名词特殊复数形式和特殊变格形式；掌握动物名词和非动物名词。 2. 代词：掌握人称代词、物主代词、疑问代词、指示代词、限定代词和否定代词的变化形式、意义和用法。 3. 形容词：掌握形容词性、数、格的变化形式、意义和用法。 4. 动词：掌握动词不定式和变位形式；掌握及物动词和不及物动词的意义和用法；掌握定向和不定向运动动词的意义和用法；掌握动词人称、时、体、式的意义和用法。 5. 数词：掌握基数词、顺序数词、不定量数词的基本形式、意义和用法；了解数词与名词连用的规则；掌握基本的时间表示法和年龄表示法。 6. 副词：掌握谓语副词的意义和用法。 7. 前置词：掌握前置词的意义和用法。

续表

年级		内容描述
7~9 年级	句法	1. 掌握句子的主要成分。 2. 简单句:掌握陈述句、疑问句和祈使句的意义和用法。 3. 复合句:掌握带连接词 и、а、но、或 的并列复合句的意义和用法;掌握带连接词 что 的主从复合句的意义和用法。

表 3-6 《普通高中俄语课程标准(2017)年版》语法知识内容要求

课程类别	内容要求
必修	1. 掌握形容词、副词比较级的构成、意义和用法。 2. 掌握形容词、副词最高级的构成、意义和用法。 3. 掌握年、月、日以及钟点表示法。 4. 掌握定向和不定向运动动词的意义和用法。 5. 了解简单句的句子成分。 6. 理解与运用无人称句。 7. 理解与运用带连接词 и, а, но 的并列复合句。 8. 理解与运用带说明从句、原因从句、时间从句、目的从句的主从复合句。
选择性必修	1. 掌握形容词短尾的构成、意义和用法。 2. 掌握定向和不定向运动动词的意义和用法。 3. 了解带前缀的运动动词。 4. 掌握不定人称句的构成、意义和用法。 5. 理解与运用带说明从句、条件从句、定语从句、地点从句的主从复合句。
选修—提高类	1. 对已学语法知识能举一反三,灵活运用。 2. 正确理解语篇中的常见句式结构。 3. 在语境中学习和运用语法知识,感知俄语语法特点。

一、中学俄语语法知识教学现状

在中学俄语教学中,语法教学主要教授语法知识点,重点讲解语法的形式和规则,关注的是学生能否掌握结构和形式的变化。教学方式大多以学生记忆、模仿和机械训练为主。教师容易忽视语法意义的启发和语法规则在具体语言环境中的语用训练,不能有效调动学生学习的积极性,从而影响学习效率。同时,教师也面临一些困惑,例如,语法课讲得很辛苦,学生却掌握得一般;不知道怎样教语法才能引起学生的兴趣;不知道怎样才能将死的语法规则教活,使学生能运用自如;等等。

另一方面,教师对教学过程中每个步骤的安排设计主要从"教"的角度出发,容易忽视创设基于学生水平、易激发学生学习兴趣的情境和活动任务,导致学生消极、被动地参与课堂,难以达到预期的教学效果。

此外,在语法教学过程中,教师较关注语法规则,而忽视语音、词汇等其他语言知识,无形中造成教学内容的部分缺失。

二、中学俄语语法知识基本要求与教学建议

2017 年版课标在教学提示中指出:"语法知识的学习不是外语学习的最终目的,教师要充分认识语法知识与语言运用之间的关系,树立语法教学语篇化的理念,在教学过程中把语法知识情境化、交际化,使学生在具体的言语活动中理解和运用语法知识。如:在学习形容词比较级时,通过创设'陪俄罗斯朋友买茶叶'的情境,让学生学习 больше, меньше, дороже, дешевле, вкуснее, свежее 等形容词比较级的构成、意义及用法。"①

(一)创设真实语境,培养语言能力

语法教学的最终目的是促进并提高学生参与交流的能力,因此结合语境进行语法教学是十分必要的。教师应依据学生的年龄特征和认知特点,提供富有趣味性、贴近学生生活、适合语法呈现和运用的语境,激发学生的学习兴趣,为真实语言交际打好基础。如提供一个语篇、布置一个写作练习,让学生在语篇中理解不定人称句,在写作中使用不定人称句,这种活动就是可取的。学生自己通过观察、归纳和总结去发现语法规则,在语境中运用语法,往往能较好地把所学语法知识真正用于语言的实际交际之中。把语法知识的操练和语言的运用结合起来,不会使学生对语言操练感到单调、枯燥和低效,有助于培养学生的

---

① 中华人民共和国教育部. 普通高中俄语课程标准(2017 年版)[M]. 北京:人民教育出版社, 2018:19.

语言应用能力。教师可以在课堂中融入生活化的元素,创设真实情境,让学生感受到俄语就在我们的身边,调动学生参与学习的积极性。

以动词第二人称命令式为例,教师可以创设多种情境:

情境一:围绕如何正确完成家庭作业,运用动词第二人称命令式给出建议。

1. Когда делаете домашние задание, не смотрите телевизор.

2. Проверьте, всё ли готово для работы — учебники, тетради, ручки, карандаши.

3. Сначала повторите то, что делали сегодня в классе.

4. Сначала выучите самый сложный материал, а потом занимайтесь любимым предметом.

5. Научитесь быстро находить нужную информацию в Интернете.

6. Сделайте одно задание, отдохните десять минут, а потом начинайте делать другое задание.

情境二:围绕如何更好地学习俄语开展交流,同学们可以询问班级中在某些方面,如单词记忆、课文背诵、语法学习、作文书写、口语交流等,表现优异的同学,运用第二人称命令式,给出俄语学习的建议。例如:

1. Слушайте в Интернете песни, стихотворения на русском языке.

2. Смотрите в Интернете учебные фильмы на русском языке.

3. Больше говорите по-русски с учителем и одноклассниками, не бойтесь сказать неправильно и всегда спрашивайте у учителя, как сказать правильно.

4. Читайте в Интернете разные учебные тексты, рассказы и стихотворения на русском языке.

5. Участвуйте в олимпиадах по русскому языку.

6. Общайтесь по электронной почте с русскими друзьями.

在学习带原因从句的主从复合句时,可以给学生提供多个交流话题,如"Почему вы хотите быть учителем?""Почему Интернет играет важную роль в нашей жизни?""Почему надо заниматься спортом?""Почему нам нужна дружба?"等,学生可以围绕所选话题进行阐述,灵活运用带原因从句的主从复合句。以话题"Почему вы хотите быть учителем?"为例,学生可以在会话活动

中使用带原因从句的主从复合句：

— Кем ты хочешь работать в будущем?

— Я хочу быть учителем.

— Почему ты хочешь быть учителем?

— Потому что я люблю работать с детьми.

通过该会话活动，学生能够灵活运用带原因从句的主从复合句。课下，教师可以布置同话题的写作任务，巩固该语法知识。

相较于机械性记忆和背诵，在单项选择和填空中练习语法知识，或者通过听、说、读、写在特定语境中练习语法知识更为扎实，因为学生是在"理解"的基础上完成了"知识的输出"，这也为学生的口语表达和书面表达积累了一定的素材。此外，学生在活动中还能感受到学习俄语的乐趣。

(二)设计体验活动，感知语法规则

教师应尽可能在主题活动中进行语法教学，创造师生和生生互动交流的机会，改变语法课堂的沉闷气氛，激发学生求知探索的欲望，让学生在活动中感知语言，成为课堂的主人，提高其课堂参与的积极性。在语法课堂活动的设计中，教师必须引导学生发现、感知语法现象，落实语法结构的学习和操练，而不要过于注重形式。根据学生的理解和掌握程度，可以更进一步尝试让学生通过语法结构自己归纳语法规则，这有益于提高学生语法项目学习的理解能力和习得效率。教师在教学设计时应运用认知语言学原理，培养学生的综合语言运用能力，体现学生学习的主体地位，调动学生参与课堂学习活动的积极性，将语法"语境化"，帮助学生更好地掌握并运用所学语法知识。

在主题活动中进行语法学习，能帮助学生掌握语言知识，完成交际任务。例如围绕主题"家庭"安排的活动：

你没听清楚同学的话，请他再说一遍。

— Я люблю дедушку. （学习动词现在时和名词第四格）

— Кого? Кого ты любишь? （学会提问。通过提问，明确对方喜欢谁）

— Дедушку. Я очень люблю его. （通过回答，完成对有关家庭成员的介绍这一交际任务）

教科书中在讲解形容词时，创设了"评价班上的某一位同学"这一情境，学生可以利用所学,不断丰富自己的表达方式。参考教材示例 3-12(初中七年级全一册 第 146 页)。

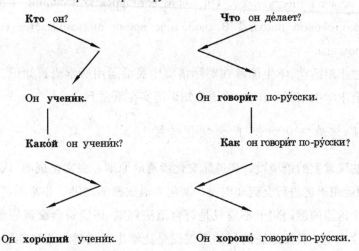

10 两人一组活动:评价班上的某一位同学。

示例: Он хоро́ший учени́к.

Он хорошо́ говори́т по-ру́сски.

Кто он? → Он учени́к.

Что он де́лает? → Он говори́т по-ру́сски.

Како́й он учени́к? → Он хоро́ший учени́к.

Как он говори́т по-ру́сски? → Он хорошо́ говори́т по-ру́сски.

教材示例 3-12

(三)立足言语技能 强化语言意义

语法教学能培养学生的听、说、读、写各项技能,因此,应将语法教学融入听、说、读、写任务活动中,使语法真正服务于交际。语法规则知识可以通过学习获得,但是在俄语学习过程中,部分学生由于语法知识较为薄弱,实际应用能力弱,所以在运用语言的过程中会出现问题,制约自身的发展。而运用知识的能力必须通过训练和应用才能掌握,即听、说、读、写技能的融合。因此,教师在教学活动中应当根据教学内容和学生的具体特点,尤其是年龄阶段特点,训练学生在真实情境中根据所学知识进行语言输出,确保语言交际既准确又恰当。综上所述,语法能力是言语能力的必要组成部分。

比如,针对已经有一定的俄语语言知识,具备一定思维能力的高中学生,教师可以将已学过的话题写在纸条上,例如家庭、校园生活、健康、运动爱好、城市乡村、网络、休闲、饮食等,让学生以小组为单位抽签,每个小组抽三张签,然后就所选话题进行展示。

以抽到"校园生活、饮食、休闲"的小组为例。学生可以选取一位身边的同学进行介绍。

Это мой друг. Его зовут Ли Мин, он учится в нашей группе. Каждый день он встаёт в шесть часов. Он любит есть фрукты и овощи. Вчера он не обедал в столовой школы. В свободное время он занимается спортом и читает романы.

通过小组活动,学生能够在实际情境中灵活运用所学语言知识。课下,教师可以要求学生书写小作文,将语法知识落实在纸面上。

(四)培养文化意识 助力文化传播

语法课堂上的语境设计要遵循文化渗透的原则。在文化理解、认同的基础上,顺利运用语言进行交流和沟通。文化为语法教学提供了非常丰富的情境素材。一个地道的俄语句子不应只是符合语法规则,还应符合交流原则、语篇原则和文化规则。教授语法的目的不仅仅是让学生通过学习语法能够造出结构形式正确、意义表达准确的句子,而且要让学生明白这个语法规则所能使用的文化语境,只有这样学生才能准确运用语法规则去表达思想。因此在教学中,教师可以设计以传播中华优秀传统文化为主题、接近真实生活的语言运用活动,引导学生运用语法知识,加深对文化的理解和认同。

实例一:

教学中发现,学生会把句子"昨天我买了一本书。"翻译成"Вчера я купила одну книгу."。但是俄罗斯人会说"Вчера я купила книгу."。此处不用数词 один,句中"一本"的意义是通过名词 книга 的单数第四格形式表达的。

实例二:

动词 идти 的转义也是教学中的难点。学生认知中,идти 意为"走,步行;去",进入高中学习阶段,补充学习了 идти 的转义,理解了句子"Идёт дождь." "Фильм идёт."的意义。

实例三:

学习俄语,动词辨析也是一个重点内容,例如动词 заниматься, учиться, изучать 和 учить 都具有"学习"的意义,但是四个动词在意义和用法上存在区别。教师可以利用图表给学生以直观感受,从而发现四个动词在意义和用法上的区别。或者在网络搜索微课视频,通过俄罗斯教师原汁原味的讲解加深学生的理解。

三、俄语教科书中语法知识教学活动例解

教师在教学中设计的语境,应以学生的语言生活实际为基础,要来源于真实的日常生活,能够便于学生在生活中迁移运用。真实的交际语境可以让学生感受到处处可以学俄语,处处可以用俄语,人人都能学俄语,人人都能用俄语。

教科书中提供了丰富的素材,例如对话、短文、诗歌等,帮助学生在欢乐的氛围中轻松记忆、学习语法知识。例如小诗《旅行者之歌》,通过背诵小诗,学生能够掌握运动动词 ехать/ездить 与 идти 的用法。参考教材示例 3-13(初中八年级全一册 第 190 页)。

19. 背诵小诗。

Пе́сенка путеше́ственника(旅行者之歌)

И. Токмако́ва

Путеше́ствовать, друзья́,
Очень интере́сно!
Зна́ем э́то ты и я,
Это всем изве́стно(大家都知道)!
Мы е́дем на маши́не,
Мы е́дем на верблю́де(骆驼),
Мы е́дем-е́дем-е́дем
На чём? Или на ком?
На по́езде мы е́дем,

И на велосипе́де,
А е́сли мы не е́дем,
То мы идём пешко́м!
Путеше́ствовать, друзья́,
Очень интере́сно!
Зна́ем э́то ты и я,
Это всем изве́стно!
Ездим мы туда́-сюда́,
В стра́ны, в сёла, в города́.

教材示例 3-13

教师可以安排真实的交际活动,引导学生在每个单元的教学重点范围之内开展活动。例如:学习疑问代词 чей, чья, чьё, чьи 时,安排"问一问,我的东西在哪里?""猜一猜这是谁的东西?"的交际活动。学习句式"у кого есть…"时,设计"请每个同学准备几幅家庭照,然后互相了解照片上的人"的交际活动。真实情境的交际活动是向模拟真实情境的交际活动过渡的桥梁,它帮助学生从积累知识转向运用知识,逐步树立能独立运用俄语的信心。学生具有一定的语言水平,掌握了足够数量的词汇和语法结构,教科书为创造交际气氛,编排的一些模拟真实情

境的交际活动,这都为学生的语言学习创设了良好的条件。

例如,在学习动词的时态这一语法时,教师可以为学生创设交际情境:学生用俄语介绍自己和同学以前、现在和将来学习外语的情况。学生在讲述过程中,能够灵活运用以下语法知识:

1. 复习初中所学的 по-русски,其与动词 слушать 不能连用,可以与动词 говорить,читать,писать,понимать 连用。

2. 巩固过去时、现在时和将来时的用法和意义。参考教材示例 3–14(初中八年级全一册 第 56 页)。

31 说一说你和同学以前、现在和将来学习外语的情况。

Образе́ц: Ра́ньше я не говори́л по-ру́сски.

Сейча́с я немно́го говорю́ по-ру́сски.

Ско́ро я бу́ду хорошо́ говори́ть по-ру́сски.

чита́ть по-ру́сски, писа́ть по-ру́сски, понима́ть по-ру́сски; говори́ть по-англи́йски, чита́ть по-англи́йски, писа́ть по-англи́йски, понима́ть по-англи́йски

教材示例 3–14

教师亦可组织学生阅读短文并针对短文提问,学生在提问过程中会思考时态问题,特别是简单式将来时和复合式将来时的意义。此外,学生可以通过仿写积累写作素材,了解文章的结构和层次,锻炼写作能力。参考教材示例 3–15(初中八年级全一册 第 56–57 页)。

32 朗读下列短文,看谁针对短文提出的问题最多并回答问题。

Та́ня лю́бит чита́ть. Вчера́ она́ чита́ла рома́н «Мать», но не прочита́ла его́. Сейча́с она́ опя́ть чита́ет э́тот рома́н. За́втра ве́чером она́ то́же бу́дет чита́ть э́тот рома́н. Она́ говори́т, что послеза́втра она́ прочита́ет э́тот рома́н.

1) Кто лю́бит чита́ть? — Та́ня.

2) Что лю́бит де́лать Та́ня? — Чита́ть.

3) Что она́ де́лает сейча́с? — Чита́ет.

4) Что она́ де́лала вчера́? — Чита́ла.

5) Что она́ бу́дет де́лать за́втра? — Бу́дет чита́ть.

6) Когда́ она́ прочита́ет рома́н? — Послеза́втра.

教材示例 3–15

此外,教师还可创设情境:编写家人的一周计划,从具体情境中锻炼学生的综合语言运用能力,如表示星期的名词,表示行为的动词,体现当前行为和将要进行行为的时态等。参考教材示例3-16(初中八年级全一册 第57页)。

33 写出你和家人最近一周的活动安排，写一写你们将要做些什么。

可以这样开始: Сегóдня воскресéнье. Вся нáша семья́ дóма. Мáма и пáпа в воскресéнье не рабóтают. Мáма готóвит обéд, пáпа читáет газéты. Зáвтра бýдет понедéльник...

教材示例 3-16

四、语法知识教学活动创新设计示例

课例名片

年　　级:初中八年级

执 教 者:上海外国语大学附属中学　张佳佳

教学内容:人教版　义务教育教科书　俄语

　　　　八年级全一册　第4课

　　　　名词第三格(单数)的变化及用法

【主题名称】《Комý ты звони́шь?》 该主题为"人与社会"主题范围，主要描写俄罗斯人的"社会活动"。

【适用年级】8年级

【教学时长】2课时

【主题设计】本案例是语篇与情境下的语法教学案例，强调在教学中依据情境，以语法知识为主线，将语言知识与文化知识有机整合，通过感知、理解、巩固等听、说、读、写练习活动，使学生将所学知识正确运用于交际情境。本案例教学时长设计为2课时，各学校可根据学情灵活掌握。

教学目标:

通过语篇与情境，使语法知识情境化、交际化，使学生在听、说、读、写活动中理解并正确运用名词第三格语法知识，培养学生良好的语言能力和自我归纳的学习能力。

教学内容:

语言知识:名词第三格(单数)的变化及用法;

文化知识：了解俄罗斯人交往中第三格的正确使用；

言语技能：通过听、说、读、写言语活动，培养学生在情境中正确运用语法知识进行交际的能力；

学习策略：概括语言信息，积极参与活动，主动交流合作，自主调控学习，运用媒体资源。

教学策略：

情境教学、启发式教学、游戏活动。

教学手段：

音频、图片、图表、白板互动等。

教学过程：

（一）情境导入

就生活中的常见情景向学生提问：

Вам нравится мороженое?

Кому нравится шоколад?

Тебе нравятся цветы?

Кому нравится фильм?

Вам нравится балет?

…

教师将 нравиться 作为中心词板书展示，帮助学生回忆曾经遇见过的有关第三格的情境，以复习人称代词第三格作为切入点，激活已有知识，进一步引出该课的教学重点：名词第三格的变化和用法。

（二）感知与理解

教师引导，通过听、读、回答问题等方式，由学生们自己对对话中出现的第三格用法进行归纳总结。

1. 请学生听一遍对话录音，并回答问题：

Кому звонит Анна?

（Анна звонит Сун Да. ）

2. 请学生齐声朗读一遍对话后，回答问题：

Что делает Сун Да?

(Сун Да пишет письмо бабушке и дедушке.)

Почему Сун Да не сможет смотреть фильм с Анной?

Что будет делать Сун Да вечером?

(Сун Да будет помогать Ван Яну делать домашнее задание.)

教师此时需指出回答中的 Сун Да，Ван Яну，бабушке，дедушке 均为第三格形式，引导学生自己总结第三格的两种用法，即某些不及物动词的给格要求和作为间接补语出现的情况。

(三)巩固与应用

教师对照变化规律表，通过从易到难、不同形式的教学操练，让学生尝试在不同情境中运用第三格。

1. 观察 Ван Ян—Ван Яну，бабушка—бабушке，дедушка—дедушке，学生了解并归纳出某些名词第三格的词尾变化规律。教师进而展示完整的变化规律和特殊变化的单词，让学生初步认知、进行变格练习，然后作为参考在一旁展示。

附：名词第三格词尾变化(单数)

	第一格 кто? что?	第三格 кому? чему?	词尾变化
阳性	учени́к	учинику́	辅音结尾加-у
	учи́тель	учи́телю	-ь 变 -ю
	музе́й	музе́ю	-й 变 -ю
阴性	ма́ма	ма́ме	-а 变 -е
	тётя	тёте	-я 变 -е
	тетра́дь	тетра́ди	-ь 变 -и
	Росси́я	Росси́и	-ия 变 -ии
中性	окно́	окну́	-о 变 -у
	мо́ре	мо́рю	-е 变 -ю
	стихотворе́ние	стихотворе́нию	-ие 变 -ию
Запо́мните!			
мать — ма́тери		дочь — до́чери	
оте́ц — отцу́		продаве́ц — продавцу́	
и́мя — и́мени		вре́мя — вре́мени	

2.根据学生人数分组,以小组为单位进行积分赛,每组3-4人,活动设置可以分为必答和抢答部分,围绕相关语法项目展开活动,提高全员参与度。

(1)根据答句进行提问,完成小对话

А. —Кому папа часто звонит? /Кто часто звонит бабушке?

—Папа часто звонит бабушке.

Б. —Кому часто помогает староста? /Кто часто помогает учительнице?

—Староста часто помогает учительнице.

В. —Кому девочка мешает? /Кто мешает врачу работать?

—Девочка мешает врачу работать.

Г. —Кому отвечают мальчики? /Кто отвечает учителю?

—Мальчики отвечают учителю.

Д. —Кому радуются родители? /Кто радуется сыну?

—Родители радуются сыну.

Е. —Кому мама поёт песню? /Кто поёт ребёнку песню?

—Мама поёт ребёнку песню.

Ё. —Кому Вася показывает альбом? /Кто показывает сестре альбом?

—Вася показывает альбом сестре.

Ж. —Кому папа объясняет задачу? /Кто объясняет брату задачу?

—Папа объясняет брату задачу.

…

(2) 关键词造句,在规定时间内,看看哪个小组造的句子最多。

关键词供参考:

покупать кому? что?

читать кому? что?

писать кому? что?

дарить кому? что?

петь кому? что?

мешать кому?

помогать кому?

сколько лет?

жарко или холодно

весело или грустно

надо

нужно

…

(3) 听对话，回答问题。

А

—Добрый день, Володя!

—Здравствуй, Вера!

—Володя, что ты делаешь?

—Я читаю газету дедушке.

—Я не буду тебе мешать. Позвоню тебе вечером. Пока!

—Пока!

Вопрос：Что делает Володя? (Он читает газету дедушке.)

Б

—Алло!

—Здравствуй, Люба. Это Миша говорит. Где ты сейчас?

—Я в магазине. Покупаю сумку тёте.

—Я не буду тебе мешать. Позвоню тебе после обеда. Пока!

—Пока!

Вопрос：Что делает Люба? (Она покупает сумку тёте.)

В

—Алло!

—Привет, Миша! Это Ваня. Что ты делаешь?

—Я объясняю трудный текст сестре.

—Я не буду тебе мешать. Позвоню тебе через час.

—Хорошо. Пока!

—Пока!

Вопрос: Что делает Миша? (Он объясняет трудный текст сестре.)

Г

—Доброе утро, ребята!

—Доброе утро, Василий Николаевич!

—Ребята, что вы делаете?

—Мы пишем письмо директору школы. Мы хотим новый компьютерный кабинет!

—Я не буду вам мешать. До свидания!

—До свидания!

Вопрос: Что делают ребята? (Ребята пишут письмо директору школы.)

…

(4)在规定时间内,将打乱顺序单词重新调整,组成准确句子。

А. Дома дети часто помогают маме и папе.

Б. Друзья любят звонить и долго разговаривать по телефону.

В. Мне 13 лет, а сестре 4 года.

Г. На уроках математики я всегда правильно отвечаю учителю.

Д. Вечером бабушка читает внуку сказку.

Е. Брат часто показывает новые фотографии отцу.

Ё. Родители часто покупают дочери интересные книги.

Ж. Моя подруга поёт песню кошке.

З. Я хочу подарить Наташе коньки на день рождения.

И. Алёша подошёл к доске.

Й. Саше надо заниматься спортом, он слабый.

Л. Писателю нужно много видеть в жизни, а потом писать.

…

[注:此活动可以配合白板互动实现]

(5)设置不同情境,组织学生对话。

А. 小伙伴打电话来邀请你去踢球,但你在帮奶奶做饭,无法前去。(помогать бабушке готовить)

Б. 隔壁邻居每天弹钢琴弹到很晚，打扰了你的小宝宝睡觉，今天你要去同他沟通这件事情。（мешать ребёнку спать）

В. 马上要到妈妈的生日了，你不知道要买什么送给她，于是跟好朋友讨论这个事情。（купить маме подарок）

Г. 你的朋友马上要出国了，你们约定要常通书信。（писать письма друг другу）

Д. 班里新转来一位同学，看着个头很高，你和朋友们讨论他到底有几岁。（сколько лет）

Е. 虽然今天有 18 度，你觉得挺暖和，但你的朋友还是感觉到冷。（холодно）

……

（6）根据给出的词进行故事接龙，鼓励学生发挥想象，大胆表达。

А. день рождения, подарок, друзья, жарко, гулять;

Б. урок, внимательный, объяснять // объяснить, отвечать // ответить, весело;

Г. старики, помогать // помочь, готовить // приготовить, домой, обед.

……

［注：此活动也可安排在课后，要求学生笔头完成］

（四）总结与反思

通过以上课堂活动，让学生自己总结第三格的适用场景（不及物动词要求、间接补语、表示年龄、谓语副词、前置词等），教师指导整理总结。

第三格用法	例句：	
不及物动词	Папа помогает сыну делать домашнее задание.	Сосед мешает старику отдыхать.
	Мы часто звоним маме домой.	Мальчик отвечает учителю громко.
间接补语	Девочка показывает дедушке фотографию.	Бабушка поёт внуку прекрасную песню.
表示年龄	Сестре 10 лет.	Спортсмену 24 года.

续表

第三格用法	例句：	
谓语副词	Сегодня Васе весело，потому что он получил письмо от друга.	Саше надо внимательно писать.
前置词	Мальчик идёт к отцу.	Мы делаем упражнения по математике.
	…	…

知识拓展：中俄文化知识对比

1. 俄汉语中"给予"概念及用法差异；

2. 俄汉语中年龄的表示方法及区别；

（本教学案例所用语言材料：八年级全一册第4课第66页练习13）

Сун Да：Алло！

Анна：Привет，Сун Да！

Сун Да：Привет，Анна！

Анна：Что ты сейчас делаешь？

Сун Да：Пишу письмо бабушке и дедушке.

Анна：У тебя будет время вечером？

Сун Да：А что？

Анна：У меня есть интересный русский фильм «Отцы и дети». Ты хочешь его посмотреть？

Сун Да：Извини. Вечером я буду помогать Ван Яну делать домашнее задание.

Анна：Тогда ладно. Не буду тебе мешать. Пока！

Сун Да：Пока！

课例名片

年　　级:高中一年级

执 教 者:哈尔滨市松北区对青山镇第一中学　朱潇雅

教学内容:人教版　普通高中教科书　俄语

选择性必修第一册　第 2 课

Искусство и литература

Анализ содержания учебника

Темой этого урока является «Искусство и литература», а грамматикой этого урока являются сложные предложения со словом «который». Поэтому в процессе изучения этой темы ученики должны не только научиться новым словам и грамматике, но и должны узнать информацию о русских и китайских искусстве и литературе, то есть должны узнать информацию о русских и китайских представителях живописи, оперы, театра, кино, литературы, и о их работах. По плану эта тема включает в себя 8 уроков. Этот учебный проект является 2-ым часом «художники и их работы». После изучения этого урока ученики могут не только использовать сложные предложения со словом «который», но и побольше узнать информацию о русских и китайских представителях живописи и о их работах. Кроме того, после изучения этого урока ученики отметят разницу между русской и китайской живописью.

Учебная цель

1. Способность к говорению:

1.1 Нужно овладеть тематическими словами о живописи, особенно надо овладеть глаголом «любоваться чем», и существительными «живопись» и «пейзаж», надо научиться использовать эти слова.

1.2 Надо узнать грамматические правила сложных предложений со словом «который», научиться ответить на вопросы: «Какой это художник?» и «Какая это картина?», используя слово «который» в правильной форме.

1.3 Надо понять тематические рассказы и диалоги, и можно получить полезную информацию из рассказов и диалогов, можно по-русски рассказывать русских и китайских представителей живописи и их работы.

2. Культурное сознание:

2.1 Можно познакомиться с русскими представителями живописи и их работами, то есть познакомиться с русскими художниками «Левитан», «Шишкин», «Репин» и «Айвазовский».

2. 2 В процессе сравнения русских художнических работ с китайскими художническими работами можно отметить разницу между русской живописью и китайской живописью.

2. 3 Оценивая основные работы художников двух стран, можно понимать, уважать искусство и культуру России, и в то же время нужно любить, ценить нашу китайскую традиционную культуру.

3. Качество мышления:

3. 1 После изучения этого урока можно по образцам рассказывать своих любимых русских или китайских художников и их работы. Кроме того, можно понять и выразить разницу между китайской и русской живописью.

3. 2 С помощью схемы мышления можно запомнить русских и китайских художников и их работы.

3. 3 На практике можно сознательно использовать сложные предложения со словом «который».

4. Способность к обучению:

4. 1 С помощью упражнений 2, 3 можно узнать русских и китайских художников и их работы.

4. 2 С помощью Интернета можно получить информацию о других русских или китайских художниках и их работах.

Анализ ситуации обучения

Теперь у нас в школе у учеников в одном и том же классе существует одна проблема, то есть уровень овладения русским языком сильно разделён. Некоторые ученики имеют хорошие привычки изучения, они могут концентрировать внимание на занятиях, поэтому у них хорошие оценки. Кроме того, у многих других учеников низкие оценки, дело в том, что они раньше не внимательно учились, и во время высшей средней школы им трудно научиться новым знаниям. Одним словом, у учеников уровни овладения русским языком сильно разны, поэтому в процессе обучения необходимо применять многоуровневые подходы для разных учеников.

Подготовительный процесс обучения

Вступительное слово

Доброе утро, ребята! Рада видеть вас на уроке русского языка. Вчера мы уже узнали грамматические правила сложных предложений со словом «который». Сегодня мы:

Продолжим изучать, как использовать сложные предложения со словом «который» и как ответить на вопросы: «Какой это художник?» и «Какая это картина?»

Расскажем, какая разница между китайской и русской живописью.

Повторяем грамматику

1. Прочитайте грамматические правила на странице 23, объясните, почему в этих трёх предложениях «который», «которая», «которые».

2. Это надо знать! на странице 23, обратите внимание на слова:

1) пейзаж

Перед нами открылся чудный пейзаж.

Здесь вы можете любоваться пейзажем и дышать свежим воздухом.

2) живопись

школа ~ и, выставка ~ и, уроки ~ и, коллекции ~ и

Может быть, вы давно хотели заняться живописью?

Выполняем задания

1. Задание 2 на странице 24

Смотрите на этих художников и найдите соответствующие их работы.

Составьте сложные предложение со словом «который» в правильной форме по образцу.

Образец:

Это русский художник И. И. Левитан, *который* нарисовал картину «Золотая осень». «Золотая осень» — это картина, *которая* мне очень нравится.

（картины из учебника на странице 24）

А другие картины? Какой это художник? Какая это картина?

Это русский художник И. К. Айвазовский, *который* нарисовал картину «Берег моря». «Берег моря» — это картина, *которая* мне очень нравится.

（картины из учебника на странице 24）

Это русский художник И. Е. Репин, *который* нарисовал картину «Аллея в парке». «Аллея в парке» — это картина, *которая* мне очень нравится.

（картины из учебника на странице 24）

Это китайский художник Сюй Бэйхун, *который* нарисовал картину «Бегущая лошадь». «Бегущая лошадь» — это картина, *которая* мне очень нравится.

（картины из учебника на странице 24）

Это китайский художник Ци Байши, *который* нарисовал картину «Виноград». «Виноград» — это картина, *которая* мне очень нравится.

（картины из учебника на странице 24）

2. Задание 3 на странице 25

Разделитесь на группы, составьте диалог по образцу, и расскажите, какие художники и какие картины вам нравятся, и что в этих картинах вы видите.

Образец：

（Первая картина из учебника на странице 24. Вторая картина из учебника на странице 25）

— Какой художник тебе нравится?

— Мне нравится художник И. К. Айвазовский. Он нарисовал картину «Чёрное море».

— Понятно. Ты любишь художника И. К. Айвазовского, *который* нарисовал картину «Чёрное море». А какое это море?

— Это море, *которое* покажет нам, что около его берега море светлое, а дальше — чёрное, потому что там оно глубокое-глубокое. Я думаю, что картина «Чёрное море» — большое искусство, это одна из его известных картин.

— Ты очень хорошо объяснил. Теперь понятно, почему ты любишь Айвазовского и его картины.

3. Подумайте, китайская живопись похожа на русскую? Какая разница между китайской и русской живописью?

Традиционная китайская живопись совсем не похожа на русскую. В Китае есть картины, *которые* называются гохуа. Художники рисуют на бумаге или на шёлке пейзажи, людей, животных.

Подводим итог

Ребята, наш урок подходит к концу. Что мы сегодня узнали?

Сегодня мы узнали：

1）можно использовать сложные предложения со словом «который» и как ответить на вопросы：«Какой это художник?» и «Какая это картина?»

2）разницу между традиционной китайской и русской живописью.

Домашнее задание

По своему уровню овладения выберите одно из следующих заданий：

1）Опишите одну картину из картин на странице 24－25, используя слово «который» в правильной форме, объясните, почему вам нравится эта картина.

2）Расскажите о вашем любимом художнике и любимой картине, используя слово «который» в правильной форме, найдите фотографии из Интернета.

3）Знаете ли вы Третьяковскую галерею? Найдите информацию и фотографии в Интернете, расскажите нам.

Метод и стратегия

При обучении русских и китайских художников и их работ можно использовать иллюстрации учебника по максимуму, таким образом можно дать ученикам глубокие впечатления на этих художников и на их работы. Кроме того, надо постоянно поощрять учеников использовать сложные предложения со словом «который», когда выражать свою мысль. Тоже нужно поощрять учеников активно искать информацию в Интернете.

Проект домашнего задания

На практике домашнего задания можно применять многоуровневые подходы для разных учеников, потому что в одном и том же классе уровни овладения русским языком сильно разны. У учеников будут 3 домашних задания, которые соответствуют учебным целям этого урока. Каждому ученику только нужно выбрать одно из этих трёх домашних заданий. Таким образом, для учеников можно не только развить их способность к говорению и обучению, но и воспитать у них качество мышления и культурное сознание.

　　语法教学在俄语教学中占有极其重要的地位。在我国中学俄语教学中,语法教学一直是教学的重点。在教学实践中,教师在决定采用哪种方式呈现语法结构时,要考虑学生的学习因素和教师的教学因素。根据俄语课程标准对语法教学的要求,在语法教学中,要体现课程标准所倡导的激发兴趣、发现探究、实践运用、自主学习、合作学习、任务型学习等教学理念和方法。

第四节　文化知识教学

　　文化知识包含中国和俄罗斯的语言文化、日常生活文化和国情文化知识,主要涉及蕴含俄罗斯文化背景知识的常见词汇和熟语、言语礼节、风俗习惯、文学艺术、历史地理、科学技术等。通过文化知识学习,学生可以了解俄罗斯的历史地理、风土人情、传统习俗、生活方式、文学艺术、行为规范和价值观等。学习中俄文化知识,并能对中俄文化的相关方面进行比较,是学生形成文化意识的前提,可以加深学生对中华文化的热爱。课标中对文化知识内容的要求如表3-7、表3-8

所示。

表 3-7　《义务教育俄语课程标准(2022)年版》文化知识内容要求

年级	内容描述
7 年级	1. 了解俄语常用词汇的文化含义。 2. 了解言语礼节和交际礼仪,如问候、称谓、致谢、告别等。 3. 了解俄罗斯人的生活习俗,如作息习惯、出行方式等。 4. 了解俄罗斯国家概况,如主要城市、人文景观、著名人物等。 5. 了解具有中华文化内涵的词汇意义及其俄语表达。 6. 对比中俄国家概况、生活习俗和言语礼节等,感知文化差异。
8 年级	1. 理解俄语常用词汇的文化含义。 2. 了解言语礼节和交际礼仪,正确表达请求、赞同、祝贺、致歉等。 3. 了解俄罗斯人的生活习俗,如兴趣爱好、饮食习惯等。 4. 了解俄罗斯的国家概况,如气候条件、名胜古迹、著名人物等。 5. 初步掌握具有中华文化内涵的词汇意义及其俄语表达。 6. 对比中俄国家概况、生活习俗和言语礼节等,理解文化差异。
9 年级	1. 掌握俄语常用词汇的文化含义。 2. 了解言语礼节和交际礼仪,得体地运用祝福用语、礼貌用语等。 3. 了解俄罗斯人的生活习俗,如度假休闲、节日习俗等。 4. 了解俄罗斯的国家概况,如自然资源、文艺科技、著名人物等。 5. 掌握具有中华文化内涵的词汇意义及其俄语表达。 6. 对比中俄国家概况、生活习俗和言语礼节等,尊重文化差异。

表 3-8　《普通高中俄语课程标准(2017)年版》文化知识内容要求

课程类别	内容要求
必修	1. 了解具有俄罗斯文化内涵的词汇、熟语。 2. 了解常见的俄语言语礼节、交际礼仪。如:称谓、道歉、致谢、节日祝贺等。 3. 了解俄罗斯日常生活文化及风俗习惯。如:就餐、乘坐交通工具等。 4. 了解俄罗斯基本国情。如:国旗、国徽、国歌、名胜古迹等。 5. 了解具有中华文化内涵的词汇的俄语表达。如:长城、故宫、春节、饺子等。

续表

课程类别	内容要求
选择性必修	1. 理解具有俄罗斯文化内涵的词汇、熟语的意义。 2. 了解常见的俄语言语礼节、交际礼仪、非言语交际手段。如：做客、打电话、表情、手势等。 3. 了解俄罗斯日常生活文化及风俗习惯。如：传统节日、休闲度假等。 4. 了解俄罗斯基本国情。如：山川、河流、湖泊、著名人物等。 5. 掌握具有中华文化内涵的词汇的俄语表达。如：长江、黄河、京剧等。
选修—提高类	1. 理解并掌握具有俄罗斯文化内涵的词汇、熟语。 2. 了解中俄言语礼节及中俄交际礼仪的异同。 3. 了解中俄两国日常生活文化及风俗习惯的异同。 4. 了解中俄两国基本国情。如：教育、科学、技术、经济等。 5. 能用俄语简单介绍中华文化。如：节日、民俗、名胜古迹等。

一、中学俄语文化知识教学现状

受传统教学模式的影响,在中学俄语教学中教师较注重语言知识教学,更多关注解题技巧的讲解,文化知识教学就相对关注不多。尽管教科书重点突出了语言知识与文化知识的结合,并提供了丰富的素材,但是大部分教师还不能有效地将教科书中的文化元素和指向文化意识培养的教学活动结合起来。这不仅不利于培养学生的文化意识,也影响学生语言知识和言语技能的学习。

现阶段,我国大部分俄语教师较少有与俄罗斯人直接进行文化交流沟通的机会,因此教师自身也就无法深入了解对象国的文化内涵;还有些教师由于自身掌握的文化知识所限,或者备课不够充分,对教科书中的文化内容不够敏感,导致课堂上忽视文化内容的教学;有些教师授课方法较单一,仅仅将课程中的文化知识作为辅助内容,无法深度理解和揣摩其文化内涵,导致文化教学的效果不甚理想。

大多数俄语学生没有机会到真实的跨文化语境(如出国学习或生活)中去体验和感知不同的文化,往往认为自己学会了知识,也就了解了外国文化,导致对文化的理解浅显或偏颇。针对这些问题,教师不仅要注意提升自己的文化意识,也要重视对学生文化意识的培养。新课程标准中文化教学内容成为非常重要的部分,这对俄语教师提出了更高的要求。

二、中学俄语文化知识基本要求与教学建议

2017 年版课标在教学提示中指出:"俄语课程的文化知识包含语言文化、日常生活文化和国情文化三部分。在教学中,教师要帮助学生了解俄罗斯文化背景知识,理解和分析语篇所承载的文化内涵,引导学生关注中俄文化的异同,正确认识和对待中华文化和俄罗斯文化,注重培养学生的文化意识,提高跨文化交际能力。"①

(一)充分挖掘和利用教科书中的文化内容

根据新课标编写的俄语教科书,需要全面覆盖新课标要求学生应当掌握的文化知识内容,同时需要对相关文化知识加以注释和讲解,并设计一些有利于学生文化意识培养的教学活动。教师要善于挖掘教科书中的文化内容,把握教科书中文化意识培养活动的设计意图和实际操作要领,有目的、有意识地将文化知识教学和文化意识培养渗透到教学活动中。对于教科书中涉及的文化内容,教师要事先查阅相关资料,准确理解和把握。教师可以结合课内外阅读,引导学生关注与文化、习俗相关的词语、熟语(如:Волга; Первый блин комом.等)以及俄罗斯主要传统节日、重要纪念日(如:Новый год, День Победы 等);通过俄语歌曲演唱、课本剧演出、诗歌朗诵比赛、知识竞赛、文化专题作文比赛等丰富多样的活动,让学生感受俄罗斯文化,同时引导学生对中俄两国文化的相关方面进行比较,了解不同民族文化的特点和特色。

(二)给学生创造体验文化的机会

学习俄语文化知识、培养跨文化意识的最佳途径,是在跨文化语境中体验和感知不同的文化。为了弥补这一不足,俄语教师应该尽量开展语言实践活动,让学生在语言实践活动中学习和了解异国文化。可以让学生通过观察图片、观看视频材料、阅读俄罗斯文学作品等,以直接或间接的方式体验和感知

① 中华人民共和国教育部. 普通高中俄语课程标准(2017 年版)[M]. 北京:人民教育出版社,2018:20.

文化。

教科书中有各种插图和彩色、黑白照片等,这使学生从学习俄语的第一天起,就沉浸在五彩缤纷的俄罗斯文化环境中,如同身临其境,亲眼看到手捧面包和盐的俄罗斯学生在欢迎自己,亲眼看到壮丽威严的红场、富丽堂皇的冬宫、俄罗斯人民的母亲河——伏尔加河。

语音阶段,教科书中每课都设置了"认真看图,说一说它们像哪些俄语字母"的练习,并通过学习字母发音,引导学生对比中国人和俄罗斯人比拟动物叫声和表示害怕、惊奇等感叹用语的不同。这些练习的目的就是试图通过学习拼读音组,引导学生了解俄罗斯人观察世界的思维方式,了解俄罗斯人文化意识中的传统习俗。

计算机、移动设备、互联网的普及为收集和播放视频材料带来极大的便利。教师要善于利用这些便利条件,收集能够直观反映文化内容的视频材料,并适时运用到课堂教学中。教科书中提供的俄罗斯著名绘画作品:Шишкин 的《Зима》,Левитан 的《Лето》、《Март》、《Золотая осень》等,教师可以通过网络查找,让学生受到高雅艺术的熏陶,提高他们的艺术鉴赏能力和文化素养。

要将文化意识的培养融入语言知识与言语技能的教学中。文化知识与语言知识紧密相关,文化的体验和感知过程与听、说、读、写等言语实践活动密切相关。因此,文化意识的培养可以且应该"润物细无声"地融入语言知识和言语技能的教学之中。教师可以把外国文化内容作为语言教学材料,或把外国文化中具有文化特异性的内容直接编入课程内容,介绍异国的传统习俗、历史、地理、风土人情等。如果选材得当,使用蕴含文化知识的教学材料可以提高学生学习俄语的兴趣,促进语言学习和文化学习的有机融合。

(三)注意文化意识培养的适用性、适度性和阶段性

适用性原则是指教学中融入的文化内容要与所学语言内容密切相关,这样可以实现文化学习与语言学习的双丰收。适度性原则是指所选材料的适合程度和教学中教学方法的适合程度。所选材料应该是那些既有代表性又兼顾趣味性的文化内容。文化内容教学要避免单纯的讲解,应创造机会让学生自己观察、发现和体验文化内容。阶段性原则是指在文化内容教学中,要考虑学生的语言水平和认知能力,注意循序渐进、由浅入深、由表及里,让学生逐渐理解文

化内容的本质。在俄语学习的起始阶段,应使学生对俄语国家文化和中外文化的异同有初步了解,教学中涉及的俄罗斯国家文化知识应与学生的日常生活密切相关,并能激发学生学习俄语的兴趣。在俄语学习的较高阶段,要通过扩大学生接触异国文化的范围,帮助学生开阔视野,提高他们对中外文化异同的敏感度和鉴别能力,进而提升跨文化交际能力和跨文化意识。

三、教科书中文化知识教学活动例解

教师可采取多种教学方法,以教科书为落脚点,围绕文化知识开展教学,具体方式可以参考以下建议。

一是结合教科书各单元内容,有意识地帮助学生了解俄罗斯等国家文化背景知识,理解、分析、讨论语篇所承载的文化内涵和价值取向。

实例一:

初学俄语阶段,简单的国情文化既能够调动学生的学习兴趣,又能够充实学生的文化知识储备。教科书中提供的小对话引出了俄罗斯茶炊,教师可以从该点出发,从多个角度讲解:

1. 单词 самовар 来源于两个单词 сам 和 варить;

2. 与中国冲泡饮茶不同,俄罗斯是用茶炊煮茶。如今茶炊已经成为一种文化,在图拉有茶炊博物馆。参考教材示例 3-17(初中七年级全一册 第 137 页)。

（2）问一问同学,这是什么,汉语怎么说。

示例: — Ты зна́ешь, что э́то?

— Зна́ю. Это самова́р.

— А как э́то по-кита́йски?

— 茶炊。

教材示例 3-17

实例二:

教科书中介绍了俄罗斯著名作曲家 Чайковский,提到了著名芭蕾舞剧《天鹅湖》,教师可以给学生介绍该作曲家的另外两部代表作《胡桃夹子》和《睡美人》。此外,教师还可以向学生展示莫斯科观看芭蕾舞的剧院——大剧院,圣彼得堡观看芭蕾舞的剧院——马林斯基剧院。参考教材示例 3-18(初中七年级全一册 第 229 页)。

这节课我们认识了俄罗斯著名作曲家 Чайко́вский。现在我们一起欣赏 Чайко́вский 创作的著名芭蕾舞剧《天鹅湖》的片段。

亲爱的同学们，这学期的最后一课就要结束了。通过最后一课的归纳、测试，你们一定发现自己的俄语学习很有收获。希望你们再接再厉。

祝你们在新的学年中取得更好的成绩。再见！

教材示例 3-18

实例三：

俄罗斯绘画闻名于世。教科书编写者巧妙地将名画欣赏与语言知识训练结合在一起，使得学生既能够欣赏名画《又是两分》，了解该幅画作的历史由来和描绘内容，还能够强化词法、句法知识，给学生提供了一种寓学于乐的情境。参考教材示例 3-19（高中选择性必修一 第 88 页）。

7. 欣赏下列名画并补全文中信息。

Карти́на Ф.П. Реше́тникова «Опя́ть дво́йка»

Ка́ждый челове́к, кото́рый смо́трит на э́ту карти́ну, мо́жет припо́мнить себя́ в подо́бной ситуа́ции, когда́ хо́чешь не хо́чешь, а ну́жно идти́ домо́й и расска́зывать о том, что получи́л _____.

В э́той карти́не са́мое гла́вное — фигу́ры и ли́ца люде́й, по кото́рым мы мо́жем поня́ть их настрое́ние. На карти́не мы ви́дим семью́: _____.

Посереди́не ко́мнаты стои́т _____, кото́рый то́лько что из шко́лы. В его́ портфе́ле коньки́. Э́то говори́т о том, что в э́тот день _____. Его́ сестра́ смо́трит на _____ недово́льно. Сама́ она́ стои́т с _____ у стола́ и, ви́димо, собира́ется де́лать уро́ки. «Опя́ть дво́йка» — э́то не про _____, э́та де́вочка, наве́рное, отли́чница. Его́ мла́дший брат, возмо́жно, то́лько что разгова́ривал с _____. И по его́ лицу́ я́сно, что он недово́лен, что э́та дво́йка помеша́ла их разгово́ру. А соба́ке — ве́рному дру́гу ма́льчика — всё равно́, каки́е оце́нки в дневнике́ у её хозя́ина, она́ ра́достно _____. Ма́ма смо́трит на сы́на с любо́вью. На её лице́ чита́ется: «Ну что мне с тобо́й де́лать, сыно́к? Но я уве́рена, что при жела́нии ты мо́жешь хорошо́ учи́ться».

教材示例 3-19

二是针对教科书中出现的与文化习俗相关的习语和成语等，提供背景资料，设计相关情境进行巩固性、交际性操练。

实例一:

中俄两国存在文化习俗的差异,教科书中结合单元话题给出了详细介绍。比如在"健康"这一单元中,通过"Это надо знать!"板块学生能够知道,如碰到对方打喷嚏,俄罗斯人会说"Будь здоров! Будь здорова! Будьте здоровы!"。参考教材示例3-20(高中选择性必修一 第10页)。

 Это на́до знать!

Когда́ челове́к чиха́ет, ему́ говоря́т: «Будь здоро́в!», «Будь здоро́ва!», «Бу́дьте здоро́вы!» А челове́к, кото́рый чиха́ет, до́лжен отве́тить: «Спаси́бо!»

教材示例 3-20

学生在"饮食"这一单元中会学习到,对方就餐前,可以说"Приятного аппетита!"送上祝福。

实例二:

教科书中还提到了 нож, ложка 和 вилка 掉在地上表达的含义。参考教材示例3-21(初中七年级全一册 第102页)。

? 思考题

1. 俄罗斯人认为, нож 掉在地上,意味着要来男客人, ло́жка 或 ви́лка 掉在地上,意味着要来女客人。你能说出俄罗斯人为什么会有这种想法吗?

教材示例 3-21

三是在学习中遇到俄罗斯主要传统节日、著名人物等的时候,可向学生推荐相关的专题阅读材料,并组织丰富多样的活动,让学生感受和体验有关的文化习俗,同时引导学生正确对待不同文化,不要盲目效仿。

实例一:

中俄两国的医疗系统是有区别的。在中国,我们的医院包括门诊部、住院部和药房。而在俄罗斯,病人需要去门诊部看病,需要持医生开的证明住院,要在院外的药房买药。对于该项国情,教科书通过语篇(对话)给学生提供了最直观的认识。参考教材示例3-22(高中选择性必修一 第9页)。

Это на́до знать!

☎ 急救电话 120 　　　☎ ско́рая по́мощь 03

в Кита́е
больни́ца

门诊部　　　住院部　　　药房
Сюда́　　　Здесь　　　Здесь
прихо́дят　лежа́т　　　продаю́т
больны́е.　больны́е.　лека́рства

в Росси́и
поликли́ника　больни́ца　апте́ка

Сюда́　　　　Здесь　　　Здесь
прихо́дят　　лежа́т　　　продаю́т
больны́е.　　больны́е.　лека́рства.

教材示例 3-22

实例二：

中俄两国都具有浓厚的文化积淀，教科书通过练习，借助图片，潜移默化地给学生营造了了解俄罗斯文化、积累我国文化的绝佳机会。教科书中介绍了诗人普希金、作曲家柴可夫斯基、芭蕾舞演员乌兰诺娃和画家列宾，相应地介绍了我国著名作曲家冼星海和著名画家齐白石、徐悲鸿等。参考教材示例 3-23（初中七年级全一册第 204 页）、3-24（高中选择性必修一 第 24 页）。

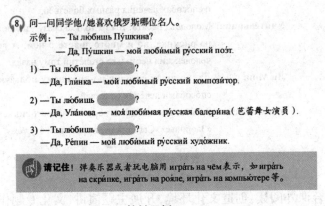

8 问一问同学他/她喜欢俄罗斯哪位名人。

示例： — Ты лю́бишь Пу́шкина?
　　　　 — Да, Пу́шкин — мой люби́мый ру́сский поэ́т.

1) — Ты лю́бишь 　　　　?
　　 — Да, Гли́нка — мой люби́мый ру́сский компози́тор.

2) — Ты лю́бишь 　　　　?
　　 — Да, Ула́нова — моя́ люби́мая ру́сская балери́на（芭蕾舞女演员）.

3) — Ты лю́бишь 　　　　?
　　 — Да, Ре́пин — мой люби́мый ру́сский худо́жник.

请记住！ 弹奏乐器或者玩电脑用 игра́ть на чём 表示，如 игра́ть на скри́пке, игра́ть на роя́ле, игра́ть на компью́тере 等。

教材示例 3-23

Это ру́сский худо́жник
И.И. Левита́н, кото́рый написа́л
карти́ну «Золота́я о́сень».

教材示例 3-24

实例三：

课标中提到培养学生的核心素养,坚定文化自信,勇于用外语发出中国声音。教科书中提供了丰富的素材,介绍了我国的中医、京剧、首都北京等,教师可以引导学生灵活运用所学词汇、句型,用俄语讲述中国故事。参考教材示例3-25(高中选择性必修一 第3页)。

1. **Прослу́шайте и прочита́йте диало́г. Раздели́тесь на гру́ппы и соста́вьте свой диало́г по э́тому рису́нку.**

Учи́тельница: Ребя́та, кого́ вы ви́дите на э́том рису́нке?

Ли Мин: Это Ли Шичжэ́нь.

Хэ Ин: Да, э́то оди́н из са́мых изве́стных враче́й в исто́рии Кита́я. Он не то́лько вы́лечил мно́го люде́й, но и написа́л мно́го книг.

Юра: Изве́стную кни́гу Ли Шичжэ́ня «Бэньца́о ганму́» («本草纲目») перевели́ на деся́тки иностра́нных языко́в, в том числе́ япо́нский, францу́зский, англи́йский и ру́сский.

Да́ша: Эта кни́га оказа́ла глубо́кое влия́ние на разви́тие мирово́й медици́ны и хи́мии.

Чжан Сили́н: Я чита́л кни́гу «Бэньца́о ганму́» Ли Шичжэ́ня на кита́йском языке́. Он в э́той кни́ге мно́го расска́зывает о спо́собах лече́ния ра́зных боле́зней.

Учи́тельница: Молодцы́, ребя́та! Вы не то́лько сра́зу узна́ли челове́ка на рису́нке, но и мно́го зна́ете о нём. А ведь э́тот челове́к жил не́сколько столе́тий тому́ наза́д.

Ли Мин: Да, но лю́ди сего́дня по-пре́жнему по́льзуются его́ спо́собами лече́ния боле́зней.

Учи́тельница: Ребя́та, все вы до́ма хорошо́ подгото́вились к те́ме «Здоро́вье». Сего́дня мы продо́лжим э́ту те́му.

教材示例 3-25

四是结合课外阅读,创造文化环境,开展主题演讲、文化专题作文比赛、俄语诗歌朗诵比赛、知识竞赛、俄语戏剧演出、俄语歌曲演唱等活动。

五是根据条件适当开展中外学校、学生之间的联系和联谊活动,一方面学生可从中外交流中直接获得文化知识,另一方面也能促进学生俄语言语技能和跨文化沟通能力的有效发展。

除上述措施以外,学校和教师还可以通过开设校本课程,进行文化专题教学。

　　总之,教师在教学中要树立语言和文化相互促进、相互渗透的意识,引导学生通过探索、体验、比较、对比等多种方式学习中外文化知识,实现将文化知识内化为具体正确价值取向的认知、行为和品格。要关注中外文化的差异与融通,正确认识和对待他国文化,吸取中外文化精华,积极发展跨文化沟通策略和能力,增强国家认同,坚定文化自信,自觉传播和弘扬中国特色社会主义文化。

四、文化知识教学活动创新设计示例

课例名片

年　　级:初中九年级

执 教 者:长春外国语学校　迟超

教学内容:文化专题活动《珍视和平,致敬英雄》

【活动主题】珍视和平,致敬英雄——纪念反法西斯战争胜利系列活动

【适用年级】9年级

【活动时长】3课时

【活动目的】

　　1.学生通过搜集整理英雄人物资料,学习并掌握相关文化知识,提升信息技术能力和素养。

　　2.通过演讲、展示、讨论等环节,提高学生的俄语语言能力和学习能力,增进学生对两国文化的理解,培养学生的文化自信力和跨文化理解力。

　　3.学生通过自我评价和教师评价,总结学习方法,感悟文化内涵,学会正确自我评价。

　　【活动步骤】活动分为三个步骤,即活动准备、活动实施和活动评价。

活动准备:

1.情境导入

教师提问:胜利日是为了纪念哪场战争胜利而设立的节日? 中国是否有类似的节日? 你知道世界反法西斯战争中的哪些中、苏民族英雄?(根据学生俄语水平,使用相应俄语或汉语表述)

2.任务布置

教师下达任务：通过问题我们了解到，在世界反法西斯战争的两大主要战场，即抗日战争和伟大的卫国战争中，涌现出了许多可敬的英雄人物，我们将通过文化专题活动的形式，了解爱国英雄人物的生平和事迹。同学们将通过小组合作方式收集相关素材，并通过朗诵、情景剧、歌曲、舞蹈等形式做汇报展出。

参考英雄人物名录

抗日战争(中国)	伟大的卫国战争(苏联)
杨靖宇	瓦西里·扎伊采夫
马本斋	费奥多尔·奥洛普科夫
赵一曼	格奥尔吉·朱可夫
冷 云	马拉·卡泽
	安纳托利·柯克林
"狼牙山五壮士"	尼古拉·葛卢布科夫

3.人员分配

教师根据学生具体情况进行小组分配，通过自荐和投票选出活动主持人、活动负责人和各小组组长。基于学生的语言能力、信息收集能力、协调组织能力、表达能力合理统筹小组成员组成。各小组选定1—2名英雄人物进行相关素材准备。

4.小组准备

学生接到活动任务后，在组长的组织下，通过小组合作协商，分配个人任务。借助书籍、刊物、网络等媒介，搜集英雄人物相关材料，如文章、视频、图片、影片等。小组成员汇总各自成果，确定汇报形式和节目，并进行相应排练。此过程中教师可给出建议或进行指导。

活动实施：

1.情境再现，回首历史

(1)观看歌曲MV《松花江上》，感受外来侵略下的民众疾苦。

(2)欣赏交响乐《朱可夫元帅》(《Маршал Жуков》)，感受英雄人物气魄。

2. 小组展示,致敬英雄

(1)短剧表演:《白山英魂》(根据英雄杨靖宇事迹改编)

(2)诗歌朗诵:«Стихи о Маршале Жукове»

(3)情境舞蹈:《狼牙山五壮士》

(4)诗朗诵:《自古英雄出少年——游击队员马拉·卡泽事迹》

3. 沉淀情感,升华主题

(1)展示图片,学生分组回答图片中出现的是哪位英雄人物,并说出他的主要英雄事迹

(2)讨论分享:我最敬佩的爱国英雄人物

(3)图书推介:我读过的有关爱国英雄的书

活动评价:

文化专题活动应综合运用多种评价方式,通过评价学生课堂表现、课后作业完成情况,开展文化专题测试等,对学生进行全面合理的评价。同时,评价中应积极发挥学生自我评价的作用。

1. 评价量表

发放评价量表。各小组通过讨论,基于各小组的各位成员在活动中的表现,给小组及小组中包括自己在内的每一位同学进行打分。最终评出本次活动中表现最佳的小组和个人。

2. 作业布置

活动后,学生提交《我最爱的爱国英雄人物》主题手抄报或征文一篇。

3. 文化专题测试

整合活动中的主要文化知识,进行"纪念反法西斯战争胜利系列活动·向英雄致敬"专题知识测试。

【实施建议】

1. 本文化专题活动可在初中学段七、八、九三个年级梯次进行,基于学生语言文化知识的实际情况逐步展开。面向不同年级学生,合理设置语言和内容上的难度,必要时可借助母语。

2.活动使用的素材应尽可能贴近学生生活,创设或还原完整的语言情境,选择整体性强、贴合实际的语篇材料。

3.文化专题活动应有计划、有梯度、周期性地开展,在同一专题框架下,循环进行、层层递进、形成体系。

4.文化专题活动可结合本校、本地实际,设置贴近学生生活的主题内容,便于学生参与和理解。如当地历史爱国英雄人物,历史上在当地发生的经典战役等。

文化意识体现俄语学科核心素养的价值取向。这要求教师不仅要从文化的视角理解文化意识,更要从价值取向的高度把握文化意识。开展文化意识教育,既包括"学会做人做事"的个人要求,也包括"有文明素养和社会责任感"的社会要求。正确的价值观、自尊、自信、自强等良好品格,都使得俄语课程的文化意识更具有品格教育的内涵。教师在进行文化意识教育时,要坚持俄语课程中文化的世界性,并从世界的视角深化学生对中华文化的理解,引导学生加深对他国文化的理解,以及对整个人类的优秀文化的认同。

第四章　俄语言语技能教学

　　言语技能是语言能力的重要组成部分,是交际的基础,包括理解性技能和表达性技能。听、读是言语理解技能,说、写是言语表达技能。在俄语学习过程中,听、说、读、写四种语言运用能力相辅相成,相互促进,是学生获取信息、表达思想、交流情感的重要手段。俄语课堂教学要加强听、说、读、写等言语技能的培养,为全面发展和提高中学生俄语语言能力奠定基础。

第一节　听力教学

　　听、说、读、写既是学习的内容,又是学习的手段。听力活动是听者对所听信息进行感知、分析和解码存储的过程,能够体现听者对语言知识和言语技能的综合运用能力。听力理解是一个复杂的过程,要经历辨析语音、理解意义、完成任务的过程。在中学俄语听力教学中,培养学生的听力理解能力非常重要,需要教师在课堂教学中来培养。课标中对言语技能"听"内容的要求如表4-1、表4-2所示。

表4-1　《义务教育俄语课程标准(2022年版)》言语技能"听"内容要求

年　级	内容描述
7年级	1.能听音分辨词的重读音节和非重读音节。 2.能识别陈述句和疑问句语调。 3.能借助图片听懂对话主要信息,作出肯定或否定判断。

续表

年　级	内容描述
8 年级	1. 能听懂简单课堂用语和教学指令。 2. 能依据情境听懂熟悉话题的对话和短文的大意。 3. 能听懂并理解调型 1、调型 2 和调型 3 表达的意义。
9 年级	1. 能听懂简单对话，理解交际意图，在交际情境中积极互动。 2. 能听懂熟悉话题的语篇的主要内容，正确回答问题。

表 4-2　《普通高中俄语课程标准(2017 年版)》言语技能"听"内容要求

课程类别	内容要求
必修	1. 能听懂简单的日常对话，并获取主要信息。 2. 能听懂简单的独白，并获取主要信息。 3. 能识别常见语调所表达的交际意图。
选择性 必修	1. 能听懂日常对话，并理解对方意图。 2. 能听懂简单的独白，并对信息进行判断。 3. 能根据所听内容记录主要信息。
选修— 提高类	1. 能听懂日常对话，并理解对方的意图和态度。 2. 能听懂内容略复杂的独白，并对信息进行判断。 3. 能就所听内容回答问题。

一、中学俄语听力教学现状

在教学实践中，部分俄语教师对听力教学的重要性和规律的认识还不够，所以往往忽略对学生听力技能的培养，教师缺少听力教学指导经验是阻碍学生听力水平发展的重要因素之一。在教学中，听完录音就做练习、对答案这样的传统教学模式比较普遍，课堂教学氛围不能很好地调动起来，学生不能充分感受语言的实用性与优美，削弱了听力学习的乐趣。

符合学生年龄和生活实际的听力训练材料较少。听力教学所使用的听力素材大多来源于教材，缺少听者与说者互动的听力材料，学生课堂听的内容种类单一，存在局限性。还有一点是听力训练的时间不够，学生仅靠课堂上有限的时间来进行听说实践是远远不够的。课堂教学的时间与获得良好的听力理解能力所需的时间是成正比的。

学生俄语基础比较薄弱,表现在:一是词汇量储备不足,二是语音知识掌握不扎实。而学生发音不准,听音理解就受到相应的阻碍。学生在听的过程中,即使信息中的单词已经学过,也会因为语音知识匮乏、单词不会读或与自己的发音有差异等原因而对单词感到陌生,从而造成理解上的困难,导致学习效果不明显。

学校缺乏听力设备,教师缺乏如何使用设备的训练,学生俄语学习缺乏理解口语的真实环境等,都影响着听力教学。

二、中学俄语听力基本要求与教学建议

听力教学应从学生最开始学习俄语时就加以重视,这能有效促进学生其他技能的提高。听力教学的目的是培养学生良好的语感和听力理解能力,增强其学习自信心。"听"作为信息输入的一种方式,是交际活动的基础,只有听懂对方的话才能进行有效的交际。学生在听中感知语音,辨别语词,了解语法,形成语感。听,不仅是为说打基础,也是为学习语音、词汇、语法打基础。教师应高度重视,更新教学理念,为学生构建一个更为科学、合理的听力教学体系,使学生更好地掌握俄语知识,提升听力质量。

(一)听力教学情境化

听力教学要营造轻松、和谐的学习氛围,以学生学的视角开展教学活动。在日常俄语听力教学中,教师可以采用俄罗斯音乐、动画片、电影片段、多媒体课件等形式,为听力材料的接受与理解创设生动新颖、真实愉快的语言情境,刺激学生的感官,激发学生学习俄语的兴趣,达到理想的听力教学效果。同时要多安排一些小组活动,进行互动式交流。要指导学生在俄语学习的过程中学会倾听,既要认真听老师讲课,还要注意倾听俄语课上同学们的发言,并给予恰当的回答,培养学生接收信息和处理信息的能力。活动要围绕教学目标开展,内容尽可能贴近学生生活或学业实际,使学生在真实情境中完成任务,做到形式多样,兴趣为主,创造学生乐意学习、乐于练习的氛围。

(二)听力材料多样化

选择的听力材料要接近真实语境、与学生生活联系紧密,与学生语言水平

相当,并且要适合中学生不同阶段的听力水平。教师要把控听力材料的难度,适当区分难易度,以避免影响学生的学习积极性。听力材料不仅要具有知识性、趣味性和连贯性,还可以适当扩充素材,帮助学生了解相关文化背景知识,培养学生文化意识。另外,在选择听力材料时还要考虑学生实际情况、教学目标和教学要求。因为俄语课时有限,只有课堂的听是不够的,课外的听也非常重要,教师要鼓励学生多听,完成课外听力作业。课外听的内容要有吸引力,动画片、电影、电视剧等都是学生乐于接受的视听材料,现行初中俄语教材中也有听力内容,教师均可适当采用。只要坚持经常训练,学生的听力理解能力就会不断提高。

(三)听说技能一体化

俄语听力训练不能孤立进行,良好的口语表达同样能促进听力理解能力的提升。要提高学生的听力水平,强化语音教学是十分必要的。经常化的听说教学能有效提高学生的听说能力,教师应尽可能利用各种教学手段,刺激学生的听觉反应。在教学设计时,要选择那些既有知识性又富趣味性的图片、影像,让学生在课堂上听和说,同时多安排一些小组活动,进行互动式交流。听说活动的开展应在真实的情境中进行,如听俄语歌曲、观看俄语动画片、情节模拟、生活表达等,鼓励学生多渠道提高俄语听说理解能力,使他们逐步养成听和说的习惯,在听说活动中提高听力素养。

(四)语言知识系统化

听力是听和理解能力的总和。语言知识是听力理解的必备条件,没有一定的语言知识基础,要听懂是很困难的。语言知识包括语音、词汇和语法。比如说,学生在听的过程中,即使信息中的单词已经学过,也可能会因为语音知识匮乏、单词不熟悉或者语法知识没有掌握,而造成理解上的困难。语音、词汇、语法知识和文化背景知识是语言的基础,要引导学生积累这些知识,贯穿俄语教学全学段,并长期坚持。同时,听力材料包含一定的主题和内容,是学生进行口头表达、阅读理解和书面表达的良好范例,教师应根据实际听力教学需要,设计综合性言语实践活动,对学生进行综合言语技能训练。

（五）俄语授课常态化

学生听力能力形成的核心手段是教师平时授课多使用俄语,坚持用俄语组织教学,且不断运用不同语句授课,这能有效提高学生的听力理解能力。如果学生能听懂老师的俄语课堂用语、听懂学习过程中同学们的俄语交流,就能促进有效的听说互动。教师的俄语、同学的俄语,是听力学习的重要内容,比教科书出现的频率还高。听音模仿是俄语学习的基本方法,教师应该有意识地设计教学用语,使其发挥理解性输入的作用。学生一开始可能听不懂或不太适应,教师要控制语速,并伴有动作、手势等肢体语言,既可以烘托课堂气氛,又能增强学生的求知欲。俄语听力学习的主要途径在于课堂上听教师的发音、模仿教师的发音、模仿教学语音材料录音。模仿的前提是具备一定的语音知识,因此用俄语组织教学是提高听力水平的有效途径。

（六）听力指导科学化

听力教学的难度要符合学生的学习程度,坚持循序渐进原则,采用分散与集中训练策略,不要急于求成。每节课教师可根据教学内容选取和设计一些听力活动,内容不能过多,数量要适宜,形式和难度也要适当控制。

课堂教学的听力训练一般有三个阶段:听前活动、听中活动和听后活动。听前活动主要培养学生预测听力内容的能力,让学生在听音前养成快速预读选项的习惯,再通过选项提供的信息,预测听力材料的内容。听中活动是指在听的过程中让学生学会有效记录重要信息,对于题目中提供的各个信息,在听音中可以有针对性地听,也包含对听前预测的分析、修正、整理及再预测。听后活动是对听后仍有疑问或漏听的信息进行回顾和推理性弥补。一般听后活动主要有完成多项选择题、回答问题、记笔记和填空、听写重构、听后活动总结等等。

三、俄语教科书中听力教学活动例解

教科书中的听力训练是逐级递增的,学生可以从听音节、听单词、听句子,过渡到根据听到的内容完成相应任务,如判断正误、选择与所听内容相符的答案、填写表格、口头回答问题等。

实例一：

学生通过听录音，能够增强对清浊辅音的辨识力，有助于正确拼写单词。参考教材示例4-1（初中七年级全一册 第12页）。

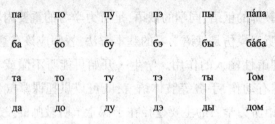

5 听录音并跟读，注意п—б和т—д的区别。哪个发音时声带振动，哪个发音时声带不振动。（将手指按在喉咙两侧，体会清辅音和浊辅音的区别。）

| па | по | пу | пэ | пы | пáпа |
| ба | бо | бу | бэ | бы | бáба |

| та | то | ту | тэ | ты | Том |
| да | до | ду | дэ | ды | дом |

教材示例 4-1

实例二：

通过游戏的方式训练学生听的能力，可以从字母入手。简单的发音规则，如元音弱化或者清辅音浊化、浊辅音清化等，以字母 о 为例，学生听到的单词中包含[о]这个音时，立即举手。老师可以给出单词 окно，молоко，оно，он 等。以浊辅音清化为例，教科书中介绍了浊辅音清化的两个规则：1. 当位于词尾时；2. 当位于清辅音前时。学生可以依据所学的发音规则，判断听到的单词中是否有浊辅音清化现象，如 сад，вход，выставка，фрукты，сосна 等。

此外，教师还可让学生听句子，找出相应图片，这是一种将听和看有效结合的训练方式。参考教材示例4-2（初中七年级全一册 第8、12页）。

2 注意听词，当听到词中含有[и] 这个音时，立即举手。比一比谁听得准、举手快。

3 听句子和对话并找出相应的图。比一比谁找得最准、最快。

教材示例 4-2

实例三：

教学中发现，学生容易混淆调型 1 和调型 3，教材中给出了针对性练习，即"听句子并点上标点符号"。这种直观对比的方式既能强化学生对调型的掌握，亦能让学生意识到口语表达中语调的重要性：语调承载了句子意义,调型不同,说话者表达的意思也不同。参考教材示例4-3(初中七年级全一册 第67页)。

⑩ 听句子并点上标点符号。

1) Это Антóн

2) Это Антóн

3) Это Анна

4) Это Анна

5) Это твой журнáл

6) Это твой журнáл

7) Это твоя́ кни́га

8) Это твоя́ кни́га

教材示例 4-3

实例四：

经过基础性训练后,可以逐渐过渡到"听+写"的练习。初中阶段为"听读短文并填写表格"。该练习为教师提供了分层次教学素材,可针对不同水平的学生,开展两个层次的活动：1. 读短文并填写表格；2. 听短文并填写表格。

进入高中阶段,学生已经积累了一定的语言知识和言语技能,此时的听力训练已经提升到"听+写"的模式,学生要会捕捉并理解所听内容中的关键信息,完成相应的练习任务。参考教材示例4-4(初中七年级全一册 第96页；高中选择性必修一 第16页)。

⑱ 听读Анна的介绍并填写表格。

Это на́ша семья́.

Это на́ша семья́. Это моя́ ма́ма. Её зову́т Ни́на Петрóвна. Её фами́лия Орлóва. Онá худóжник. Это мой пáпа. Его́ зову́т Ивáн Сергéевич. Его́ фами́лия Орлóв. Он инженéр. А э́то мой брат. Его́ зову́т Бори́с. Его́ óтчество Ивáнович. Его́ фами́лия Орлóв. Он учени́к. Это я. Меня́ зову́т Анна. Моё óтчество Ивáновна. Моя́ фами́лия Орлóва. Я учени́ца.

	и́мя	óтчество	фами́лия	Кто онá?	Кто он?	Кто я?
ма́ма						
пáпа						
брат						
я						

2. Прослу́шайте диало́г и запо́лните табли́цу.

Кто куда́ звони́т?	Почему́ звони́т?	Кака́я у него́ температу́ра?	Дома́шний а́дрес	Когда́ бу́дет до́ктор?

教材示例 4-4

四、听力能力评价量表

听力能力评价量表如表 4-3 所示。①

表 4-3　听力能力评价量表

时间：	班级： 学生表现	人数： 问题记录
项目观察	听录音的时候是否注意力集中	
	有没有边听边做记录的习惯	
	有没有根据听力材料进行有针对性的记录	
	有没有使用适合自己的记录方法	
	能否将学过的词汇纳入听力的轨道	
	能否适应俄语发音的特点和语调特点	
	是否熟悉所学范围内的语法规则	
	能否理解听力材料中的文化国情知识	
	能否听懂关键词	
	能否运用背景知识和自身经历来 推测说话人的意图、目的、说话场景和进展情况	
	能否根据不同的听力目标来调整听力策略	
	是否乐于参加俄语听的各种实践活动	
听的过程中学生最大的困难是什么：		

---

① 初中俄语学业评价标准（实验稿）[M]．北京：人民教育出版社，2012．

五、听力标准(以"节日"话题为例)

初中阶段:

1. 能听懂对节日的祝贺和视频(6—10 句),如"С праздником. Желаю вам счастья. Желаю вам хорошо отдохнуть."。

2. 能听懂别人的询问(6—10 句),如"Что вы делаете во время праздника? Какой твой любимый праздник?"。

3. 能听懂对节日的介绍(6—10 句),如"Любимый праздник в России. Накануне Нового года на севере Китая люди готовят пельмени. Во время праздника люди дарят подарки друг другу."。

高中阶段:

1. 能听懂对节日的介绍(10—14 句),如"Этот праздник мы отмечаем целую неделю. Каждый день этой праздничной недели имеет своё название и традиции."。

2. 能听懂别人的询问(10—14 句),如"Что это за праздник? Что ты будешь делать на праздник?"。

听力是一种积极的思维过程,也是学习语言的重要能力。教师应重视听力教学的作用,在教学中积极更新教育观念,培养学生养成良好的听力习惯,积极运用各种各样的教学手段,从学生的心理和生理特点出发,灵活运用各种教学技巧和方法,强化学生的主体意识,激发学生的主体情感,提高学生的听力理解能力和听力效率,为后续的俄语学习奠定良好的基础。

第二节 口语教学

口语表达能力是学生学习俄语的外显能力,是学生在实际生活中使用最多的技能。学生口语水平的高低在一定程度上影响或决定着他们的笔试能力,其俄语口语水平在一定程度上也反映着教师的口语教学水平。口语能力强的学生,在学习中就会获得较多的展示机会,进而增强他们的学习自信心,促进其综合语言运用能力的发展。因此,口语教学非常重要。课标中对言语技能"说"内容的要求如表4-4、表4-5所示。

表 4-4 《义务教育俄语课程标准（2022 年版）》言语技能"说"内容要求

年级	内容描述
7 年级	1. 能模仿范例说出简单的句子。 2. 能运用简单的日常用语，表达问候、称谓、致谢、告别等。 3. 能依据情境进行简单的会话交流，语音、语调基本正确。
8 年级	1. 能依据情境进行 3 个轮次的会话交流，语音、语调正确。 2. 能熟练运用日常用语，表达请求、赞同、祝贺、致歉等。 3. 能依据情境，围绕熟悉的话题，简单复述对话与短文主要内容。
9 年级	1. 能依据情境进行 4 个轮次以上的会话交流。 2. 能依据情境简要转述对话和短文的主要内容。

表 4-5 《普通高中俄语课程标准（2017 年版）》言语技能"说"内容要求

课程类别	内容要求
必修	1. 能在言语交际中正确使用简单的日常生活用语。 2. 能根据主题、交际意图说出简单的句子。 3. 能就相关主题进行简短交谈。
选择性必修	1. 能在言语交际中正确使用常见的词语和句子。 2. 能就相关主题做简短陈述。 3. 能根据交际需要进行简短交谈。
选修—提高类	1. 能在言语交际中恰当使用词语和句子。 2. 能根据主题表达自己的意图和态度。 3. 能根据交际意图与他人进行交流。

一、中学俄语口语教学现状

在中学俄语课堂教学中，部分学生存在不愿或者不敢进行俄语口语表达的情况，表现在词汇掌握不全、发音不标准、俄语文化掌握不够等方面，这会直接影响他们的俄语口语学习。

部分学生缺乏良好的俄语思维能力，在运用俄语进行表达时往往要先用汉语进行思考,再用俄语进行翻译和表达,流畅性不足。另外,学生对文化差异的把握不到位。俄语和汉语在文化底蕴等方面有着不小差异,部分学生缺乏良好的文化意识,在运用俄语进行表达时,可能会因为文化差异而出现偏差。

部分教师把时间和精力主要用在学习语法规则、词汇或者阅读和写作训练中,因此在教学中会存在听、说、读、写能力脱节的情况。另外,教师自身的口语表达有局限性,缺乏与生活的紧密联系,也会导致教学内容无法满足俄语口语教学的实际需要,从而很大程度上影响教学效果。

二、中学俄语口语基本要求与教学建议

按照俄语课程标准要求,口语教学的最终目的是培养学生的语言交际能力和语感,促进听、读、写能力技能的提高。口语表述要符合语言规则,如语音、词法、句法等。在中学阶段,俄语教学很少安排专门的口语课,而是将口语训练贯穿于俄语课堂中。因此在课堂教学中,教师应该高度重视口语教学,利用现代化的教学方法,提高口语教学的质量,从而获得最佳的俄语学习效果。

(一)注重情境化教学原则

教师在教学中要积极主动创设符合教学目标的语言表达情境,设定教学目标时突出课堂的口语表达,让学生在具体情境下选择运用语言,体验语言所表达的含义并能正确应答,以及在不同语境下使用不同的语言来表达自己的观点,在真实情境下自如地使用语言。

教师应采用多种教学手段,创设生动有趣、符合学生年龄特征的情境,为学生营造口语交际的氛围,让学生在情境中进行交流互动。口语活动可以是真实发生在课堂的问题式、讨论式等形式,也可以在模拟真实生活的交际情境中进行。同时应注意,口语教学应以熟练为目标,不过分纠正学生的口语语法错误。

(二)以学生为中心原则

在口语教学的课堂中,要坚持学生的主体地位,教师的作用是作为引导者、组织者和设计者。在口语教学时,学生如出现重复、改述、使用不完整话语、补充或停顿等情况,教师应该接受学生这种自然的口语特征。一是根据学生的年龄特点和俄语水平,如果训练超出他们思维和水平的任务,会使他们产生畏难

情绪,有挫败感,没有动力,影响任务的完成。二是口语活动的安排,要适合学生的语言水平,考虑学生是否能够用已有的语言知识来完成口语任务。成功的口语活动应该是俄语语言水平恰到好处,既不难,也不易,这样才能吸引学生的注意力,激发学生的学习兴趣。

(三)听说结合原则

听和说是口语交际中虽形式不同却密切相关的行为过程,听是输入,说是输出,说是在听的基础上发展起来的,成功的口语交际离不开听的技能。在交际中,听者会把自己是否听懂信息这一情况反馈给说者,说者根据听者的反馈信息调整重构自己的表达方式。因此,在口语教学中,教师不仅要让学生掌握俄语知识,也要熟悉说者和听者的互动方式,即如何进行听和说的互动。尤其在学生说俄语的过程中,教师要了解学生在口语方面存在的问题,通过及时正确的示范与纠正,逐步提高学生的俄语口语表达能力。因此,听说结合才是提高口语水平的关键,教师要时刻牢记"听说不分家",培养学生的言语交际能力和俄语语感。

(四)合作互助学习原则

在中学俄语口语教学中,教师应给予学生开展合作学习的机会,鼓励学生通过小组合作的方式,进行口语练习,发挥自己的特长,积极表达自己的观点,正确处理与小组成员的关系,培养合作精神,提高口语学习效率。首先,合作学习要明确分组,教师要注重学生在成绩、能力和兴趣等各方面的协调;其次,要引入竞争机制,通过竞争来增强学生的学习积极性和主动性,共同完成合作任务。合作互助学习可以提高学生的口语水平,确保学生俄语口语学习的有效性和参与学习的积极性,为更高阶段的俄语口语学习打下夯实的基础,促进长远发展。

(五)俄语组织教学原则

用俄语组织教学既能培养学生的听力理解能力,又能促进其口语表达能力的提高。教师经常说俄语,学生就能有更多的机会模仿学习,课内外学生讲俄语越多,口语水平就会越好。教师要鼓励学生多说,不要怕学生说错,哪怕是说几个简单的俄语单词、词组或句子,都是提高的机会。在教师用俄语组织教学的同时,要让学生用俄语回答或表达,尽可能避免用汉语,要想办法让学生积极参与到口语交流的活动中。在教学设计时要认真揣摩,设计的口语活动要能引发学生思考,启发学生踊跃表达,使学生在实践中使用俄语,在愉快的气氛中获得知识、掌握知识,提高口语表达能力。

三、俄语教科书中口语教学活动例解

口语是学生语音风貌的直接展示,教师可以根据学生的学段和年龄,结合教授内容,有选择地使用教科书中的各种练习。

外语教学中,听说是密不可分的。因此,初期建议强化模音训练,即学生先听正确的发音,然后通过模音节、模单词、模句子到模语篇,形成语感,为口语表达奠定基础。

实例一:

外语学习中,语音语调是确保交际顺畅的基础,因此学生应该能够正确运用调型1、调型2、调型3表达自己的观点。掌握单个句子的调型后,教师可以利用教科书中关于句子连读的语篇素材,引导学生边听边模,注意连读现象,最后能够正确流畅地读出语篇内容。对于学习能力强的学生,教师可以要求学生仿照所读语篇,运用所学语调句式介绍自己的实际情况,这也是知识迁移的一种体现。

此外,学生学会表达不是一蹴而就的,而是一个日积月累的过程。表达离不开单词和句子,学生可以通过"句子接续"的训练方式,增强自己的口语表达能力。参考教材示例4-5(初中七年级全一册 第24、53、214页)。

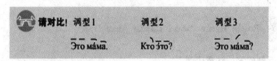

请对比! 调型1   调型2   调型3

Это ма́ма.   Кто э́то?   Это ма́ма?

8 听 Юра 介绍他的全家福照片,注意连读。

Это на́ша фотогра́фия. Это мы. Здесь на́ша ба́бушка и наш де́душка. Там наш па́па и на́ша ма́ма. Тут мой брат и моя́ сестра́. А где я?

26 比一比谁编的句子最长。

Ната́ша ⟶

Ната́ша лю́бит слу́шать. ⟶

Ната́ша лю́бит слу́шать му́зыку. ⟶

Ната́ша лю́бит слу́шать му́зыку и игра́ть. ⟶

Ната́ша лю́бит слу́шать му́зыку и игра́ть на компью́тере. ⟶

Ната́ша лю́бит слу́шать му́зыку и игра́ть на компью́тере ве́чером.

> 替换词和词组：нра́виться
> мой друг моя́ подру́га

教材示例 4-5

实例二：

教科书根据课程标准的要求提供了丰富的多模态语篇,例如对话、短文和图片等。依托于多模态语篇设置的口语训练形式丰富多样,例如运用替换词模仿示例完成对话、看图叙述等。在此过程中,学生能够充分调动已有知识储备,在实际情境中进行口语表达,锻炼思维和表达能力。参考教材示例 4-6(初中七年级全一册 第 24、59 页)。

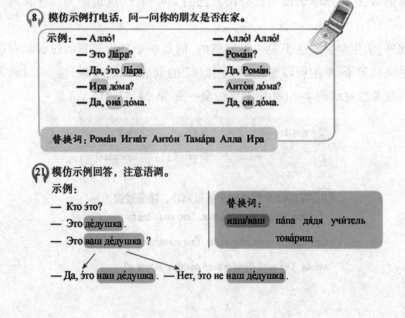

8 模仿示例打电话，问一问你的朋友是否在家。

示例： — Алло́!
— Это Ла́ра?
— Да, э́то Ла́ра.
— Ира до́ма?
— Да, она́ до́ма.

— Алло́! Алло́!
— Рома́н?
— Да, Рома́н.
— Анто́н до́ма?
— Да, он до́ма.

替换词：Рома́н Игна́т Анто́н Тама́ра Алла Ира

21 模仿示例回答，注意语调。

示例:
— Кто э́то?
— Это де́душка.
— Это ваш де́душка ?

替换词:
наш/ваш па́па дя́дя учи́тель
това́рищ

— Да, э́то наш де́душка . — Нет, э́то не наш де́душка .

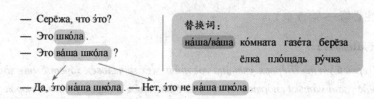

— Да, э́то на́ша шко́ла. — Нет, э́то не на́ша шко́ла.

22 看图叙述。

Э́то … , а э́то …

шко́ла шко́льники　　　учи́тель ученики́　　　уче́бник тетра́дь ру́чка

журна́л каранда́ш

слова́рь бума́га

教材示例 4-6

实例三：

除了提供口语训练外，教科书中还提供了各种口语训练方式，帮助学生养成良好的学习习惯。如听短文并录音，将自己的录音与教学录音带进行对比，检测自己的语音语调。在此之前，教师还可引导学生一边听录音，一边用笔标注出语篇的发音、语调、连读等特点，这有助于后期正确朗读。参考教材示例4-7（初中七年级全一册　第223页）。

8 听读短文并把它录下来。将自己的录音同教学录音带进行对比，检测自己的语音语调。

Я живу́ в го́роде.

Я живу́ в го́роде. Наш го́род небольшо́й. Но у нас в го́роде есть стадио́н, магази́ны, шко́лы. Наш го́род о́чень краси́вый. У нас есть зелёный парк и большо́е чи́стое о́зеро.

Моя́ ма́ма рабо́тает в шко́ле. Она́ учи́тельница. Мой па́па — инжене́р. Он рабо́тает на заво́де. Он рабо́тает и у́чится. У меня́ есть брат, но он не у́чится, он ещё ма́ленький.

教材示例 4-7

实例四：

对于高年级学生，教科书给出了有针对性的训练方式，旨在提升学生词汇量，丰富表达方式。如在"健康"主题中，教科书给出了接龙的训练方式。同学们接龙回答"如果想成为一个健康的人，应该做些什么？"这一问题。练习下方还给出了丰富的替换词组，有助于不同水平的学生完成练习任务。参考教材示例4-8（高

中选择性必修一 第 5 页）。

4. Игра́ «Цепо́чка».

Пе́рвый учени́к/Пе́рвая учени́ца говори́т: «Е́сли челове́к хо́чет быть здоро́вым, ему́ на́до занима́ться спо́ртом. А как ты ду́маешь?» Второ́й учени́к/Втора́я учени́ца продолжа́ет: «А я ду́маю, е́сли челове́к хо́чет быть здоро́вым, он до́лжен ка́ждый день есть фру́кты и пить молоко́. А как ты ду́маешь?» И так да́лее по о́череди. Уча́ствуют все ученики́ кла́сса.

бе́гать по утра́м, ката́ться на лы́жах, пла́вать в бассе́йне,

ка́ждое у́тро де́лать заря́дку, не есть мно́го конфе́т,

не до́лго игра́ть в и́гры на смартфо́не

教材示例 4-8

实例五：

教科书中不仅提供了俄罗斯的文化素材，还通过语篇和练习的方式，给学生和老师提供了中国文化的俄语素材。如在"艺术和文化"主题中，教材介绍了俄罗斯伟大学者莱蒙诺索夫、诗人马雅可夫斯基、音乐家拉赫玛尼诺夫、学者门捷列夫、作家契诃夫，相应地介绍了我国作家鲁迅、巴金，诗人郭沫若和画家齐白石。依托于教材中提供的素材，利用所给表达模式，学生能够任选人物进行介绍，这既能够训练学生的口语表达能力，又培养了学生的民族自豪感和家国情怀。参考教材示例 4-9（高中选择性必修一 第 57 页）。

12. Посмотри́те на фотогра́фии и скажи́те, кто они́, чем они́ занима́лись, чем увлека́лись, каки́е спосо́бности бы́ли у них. Прочита́йте о них в Интерне́те и допо́лните да́нные свое́й информа́цией по образцу́.

Образе́ц: М.В. Ломоно́сов — ру́сский учёный. Он увлека́лся матема́тикой, рисова́нием и поэ́зией (诗). Он занима́лся матема́тикой, к кото́рой у него́ бы́ли больши́е спосо́бности и кото́рой он посвяти́л свою́ жизнь.

> **М.В. Ломоно́сов**
> (1711–1765)
> учёный — матема́тика,
> рисова́ние, поэ́зия

<table>
<tr><td>

Лу Синь

(1881–1936)

писа́тель — литерату́ра,

поэ́зия, иску́сство, медици́на

</td><td>

Ци Байши́

(1864–1957)

худо́жник — жи́вопись,

каллигра́фия (书法),

резьба́ по ка́мню (石雕)

</td></tr>
</table>

Ба Цзинь

(1904–2005)

писа́тель — литерату́ра, перево́д

Го Можо́

(1892–1978)

поэ́т — поэ́зия, исто́рия

В.В. Маяко́вский

(1893–1930)

поэ́т — поэ́зия, жи́вопись

С.В. Рахма́нинов

(1873–1943)

компози́тор — му́зыка, те́хника

Д.И. Менделе́ев

(1834–1907)

учёный — хи́мия, фи́зика

А.П. Че́хов

(1860–1904)

писа́тель — литерату́ра, медици́на

教材示例 4-9

四、口语能力评价量表

口语能力评价量表如表 4-6 所示。①

表 4-6 口语能力评价量表

时间：	班级：		人数：
	学生表现		问题记录
观 察 项 目	语音语调是否正确		
	用词是否贴合主题和情境		
	语法错误是否影响交际		
	能否听懂对方的提问		
	能否根据主题的内容进行提问		
	能否用学过的知识来完成交际任务		

---

① 初中俄语学业评价标准（实验稿）[M].北京：人民教育出版社，2012.

续表

时间：	班级：		人数：
	学生表现		问题记录
观察项目	能否发现自己的错误并纠正		
	能否会适当运用请求、道歉、赞扬等用语		
	能否借助身势语和语调表情达意		
	能否意识到中外交际习俗的差异		
	能否根据具体的口语任务选择恰当的交际策略		
	能否在交流中调节情绪		
	是否善于抓住用俄语交流的机会		
	在口语实践活动中是否乐于与同学合作，协调同学关系，营造和谐气氛		
	是否乐于用俄语与他人交流		
	能否克服自己在口语交际过程中的紧张和焦虑情绪		
	是否敢于用俄语进行表达，与同学和老师进行交流，不怕出错		
说的过程中学生最大的困难是什么：			

五、口语标准（以"节日"话题为例）

初中阶段：

1. 能致节日的祝贺和祝愿（6—10 句），如"Поздравляю вас с праздником. Желаю вам всего хорошего."。

2. 能简单介绍中俄两国的节日（6—10 句），如"Любимый праздник в России — это Новый год."。

3. 能询问别人节日里做什么，最喜欢的节日是什么（6—10 句），如"Что вы делаете во время праздника? Какой твой любимый праздник?"。

高中阶段：

1. 能运用所学词汇和语法知识，介绍中俄两国节日（10—14 句），如"Десятого сентября — День учителя. Мы должны поздравить наших учителей с праздником."。

2. 能围绕"节日"提出相关问题（10—14 句），如"Что русские едят на Масленицу? Какой твой любимый праздник?"。

学习语言最为重要的就是能够交流,而学生的俄语口语水平直接决定了学生的口语交际能力。教师应该高度重视口语教学,利用现代化教学方法,提高口语教学质量,促进学生俄语学习能力的不断提高。同时也要提升自己的语言面貌,为学生做好示范和表率作用。

第三节　阅读教学

　　阅读是语言知识学习的载体,是俄语学习过程中必不可少的环节。随着新课程改革的不断深入,特别是中、高考俄语学科考试方式和内容的改革,对学生阅读能力,特别是阅读推理能力、概括能力、整体篇章理解能力的要求越来越高。俄语课程标准提出了发展学生俄语学科核心素养的要求。阅读课作为俄语教学的主要课型,是发展学生核心素养的主要途径,具有独特的育人功能。课标中对言语技能"读"内容的要求如表4-7、表4-8所示。

表4-7　《义务教育俄语课程标准(2022)年版》言语技能"读"内容要求

年级	内容描述
7年级	1. 能正确认读33个字母。 2. 能正确拼读音节和单词。 3. 能按角色朗读对话,语音、语调基本正确。
8年级	1. 能按角色流利朗读对话,语音、语调正确。 2. 能熟练朗读3~5首俄文短诗,初步感知俄文诗歌的韵律。 3. 能依据情境读懂语篇的主要内容,并能概括主要人物特征与事件梗概。
9年级	1. 能读懂语篇主要内容,概括主题意义和主要观点。 2. 能借助工具书和网络资源开展课外阅读,获取有益信息。

表4-8　《普通高中俄语课程标准(2017)年版》言语技能"读"内容要求

课程类别	内容要求
必修	1. 能朗读简短的语篇,语音语调正确。 2. 能读懂简单的语篇,并获取具体信息。 3. 能读懂简单的语篇,并理解主要思想。

续表

课程类别	内容要求
选择性必修	1. 能识别语篇中蕴含俄罗斯文化背景知识的常见词汇。 2. 能读懂简单的语篇,并对主要信息做出判断。 3. 能理解所读语篇的主要思想和观点。 4. 了解所读语篇的基本结构。
选修—提高类	1. 能借助语境猜测生词的词义。 2. 能归纳概括所读语篇的主要内容。 3. 能理解所读语篇的主要思想、观点及作者意图。 4. 能读懂简单的专业性语篇。

一、中学俄语阅读教学现状

阅读在培养学生的语言能力、学习能力、思维品质、文化意识等方面发挥着极其重要的作用。阅读教学是落实俄语学科核心素养的主要途径,是中、高考的主要考试内容。教师们很重视阅读教学,都能认识到阅读是提高学生俄语素养的主要途径,但实际上中学俄语阅读教学仍存在一些问题。

(一)教学中"以测代教",即用"阅读测试"代替"阅读教学"

教师通常在阅读教学中采取的方式是让学生完成大量的阅读理解练习,教师检查阅读理解试题答案,然后进行相应的语言知识教学或语言输出练习活动,没有进一步指导学生如何从篇章中获取信息,从而错过了阅读策略训练的时机,不能达到理想的阅读训练效果。

(二)重视语言知识教学,轻视语篇意义教学

任何一篇文章都是有主题、有语篇意义的。但教师在设计阅读理解问题时,往往很少考虑要为文本的主题意义探究服务这一要求。这就导致在阅读课堂上,教师往往只是匆匆过一下阅读文本,设计一些浅层的事实性问题,或者缺乏层次和逻辑的问题。这种阅读理解训练大多停留在句子层面,没有上升到语篇高度,缺乏对文本的整体理解。

（三）轻视阅读技能训练，过分注重词汇知识和语法知识的教学

部分教师认为没有必要对学生进行阅读技能训练，认为只要具备了足够的词汇量，掌握了必要的语法知识，阅读就没有问题了。这就使阅读课成为词汇课或语法课，缺少过程性的理解与点拨，过多地用知识讲解和对课文内容的分析来替代学生的阅读实践。

（四）过分强调完成预设的教学任务，忽视学生主体

一些教师用自己的语言知识讲解和对课文内容的分析来替代学生的阅读实践，用自己对文本的理解来代替学生对文本的理解，从而忽视了学生的主体地位。

（五）过分强调语言目标，忽视思维培养和情感教育目标

立德树人，注重人文精神的养成是俄语阅读教学应该遵循的原则。课程改革倡导培养学生的情感态度和文化意识，这个要求特别要通过阅读教学来落实。忽略了情感态度的培养，忽视文本育人内涵和育人价值的挖掘，学生的阅读理解能力就会受到影响。

二、中学俄语阅读基本要求与教学建议

"得阅读者得天下"，现行的初、高中考试非常注重学生俄语综合运用能力的测试，阅读分值的比重逐渐加大，试卷的各个题型中都贯穿了对学生阅读理解能力的考查。因此，要在俄语教学中有意识地培养学生的阅读技能，完善阅读教学方法。要以学生自主阅读为主、教师的讲解为辅，多留时间给学生，避免讲得多、说得多、练习多。要有机融合知识与技能，适当讲授阅读技巧和逻辑关系。同时，教师要善于基于阅读文本内容进行人文教育，注重人文精神的培养。

（一）提高阅读活动思维层次

要重视阅读教学对学生思维品质培养的重要意义。首先，增加能培养学生高阶思维能力的活动。针对阅读内容所设计的问题，要少些理解和记忆层面

的,尽量不使用事实性问题,即学生可以从文本中直接找到答案的问题。阅读教学需要学生的深度思维参与,深度阅读教学有助于培养学生的高阶思维能力。其次,阅读课的活动和设计要突出学生的主体性,教师不要过多讲解,要培养学生自主阅读的习惯。阅读教学的目的之一是培养学生的思维能力。现行的教材文本都含有思维能力的要素,教师要充分挖掘文本信息,特别是文本以外的信息,不能只讲文本表层信息。教师可结合阅读内容设定不同类型的问题,启发学生思考、质疑。

(二)深化语篇主题意义的探究

语篇的灵魂是主题意义,俄语阅读教学需要文本解读和基于主题意义探究的语篇分析,即开展深度阅读教学。深度阅读一方面取决于活动思维的深度,另一方面取决于对主题意义探究的深度。教师要加强文本解读能力,因为教师解读文本的角度将直接影响学生对文本的理解和体验。

(三)彰显语篇交际功能

任何语篇都是为交际服务的,是用来表达完整意义和意图的,它有完整的语篇结构。阅读文本之所以被称为语篇,是因为它具有语篇的基本特征,即形式上的衔接和语义上的连贯。作者在写作时都进行了语境建构,学生在阅读时需要对文章进行语境重构。语言知识教学与文本内容要融合,要在语篇情境中学习。读前活动设计要接近语篇主题,为阅读理解服务,这样才能为学生的阅读理解起到较好的铺垫与衔接作用。

(四)落实立德树人,培养核心素养

阅读教学不同于日常生活中的普通阅读行为,它带有教育和培养的目标。俄语阅读教学的目的,不仅是要把学生培养成独立、高效的阅读者,而且要帮助学生树立正确的世界观、人生观和价值观,这是俄语阅读教学的重要目标。中学俄语教材中蕴含丰富的语言文化和人文背景知识,阅读教学中,教师应注重挖掘和利用教材中的思想情感内容,针对不同的教学内容,运用不同的德育渗透原则,自然而然地融德育于俄语教学中,达到思想教育寓于语言教学之中的目的,真正做到教书育人。

三、俄语教科书中阅读教学活动例解

教科书中每一个单元都会设置"篇章阅读与思考"板块,在此板块中,学生阅读语篇并完成听、说、写的相应任务。此外,教科书编写者采用边注的形式,针对语篇中的陌生词汇或语法难点设置问题,培养学生独立思考解决问题的能力。

实例一:

初学阶段,学生只需要阅读短篇文章,回答简单问题。教师在教授过程中可以引导学生注意语篇的简单结构,为后期写作打下基础。语篇《Давайте познакомимся!》仅有 55 个单词,学生阅读后需要回答一个问题"Кто Антон и Анна?"。教师可以通过学生的答案了解学生对语篇的理解情况,随后帮助学生梳理自我介绍时可以用何种结构(姓名、身份、学校相关人或事)。参考教材示例 4-10(初中七年级全一册 第 83 页)。

19. 听读短文,说一说想和大家认识的是什么人。

Дава́йте познако́мимся!

Здра́вствуйте! Меня́ зову́т Анто́н, а её зову́т Анна. Это наш класс. Это столы́. Это уче́бники. Это портфе́ли и словари́. Это ру́чки и карандаши́. Это газе́ты и журна́лы. Это кни́ги и тетра́ди. А э́то дире́ктор. Его́ зову́т Ива́н Ива́нович. Это на́ша учи́тельница. Её зову́т Ни́на Петро́вна. Это де́вочка Са́ша. Она́ учени́ца. Это ма́льчик Са́ша. Он учени́к.

Кто Анто́н и Анна? ⬭⬭⬭⬭⬭⬭⬭⬭⬭⬭

教材示例 4-10

实例二:

进入高中阶段的学习后,学生可以应对长语篇的阅读。教科书中提供的练习方式也多种多样,如选择正确答案、补全句子、针对课文提问以及缩写等。参考教材示例 4-11(高中选择性必修一 第 63、64 页)。

Текст

Рабо́та и увлече́ние

Обы́чно гла́вным де́лом в жи́зни челове́ка счита́ют его́ рабо́ту, профе́ссию, а увлече́ние — э́то де́ло, кото́рым челове́к занима́ется в свобо́дное вре́мя. И всё же иногда́ тру́дно сказа́ть, что в жи́зни челове́ка бы́ло гла́вным — то, что он счита́л свои́м увлече́нием, и́ли то, что бы́ло его́ рабо́той.

Почему́ кото́рым, а не кото́рое?

Ка́ждый челове́к, кото́рый изуча́ет ру́сский язы́к, зна́ет и́ли слы́шал о словаре́ ру́сского языка́ В.И. Да́ля. В э́том словаре́ две́сти ты́сяч слов. В.И. Даль собира́л их всю жизнь. Слова́рь, кото́рый он соста́вил в **конце́ XIX ве́ка**, и сейча́с явля́ется це́нным и интере́сным.

в конце́ XIX ве́ка = в конце́ девятна́дцатого ве́ка

В.И. Даль был морски́м офице́ром (军官) и врачо́м, но э́того почти́ никто́ не по́мнит. Все зна́ют В.И. Да́ля как а́втора «Толко́вого словаря́ живо́го великору́сского языка́». **Тру́дно себе́ предста́вить**, что написа́л э́тот слова́рь оди́н челове́к.

Как вы понима́ете тру́дно себе́ предста́вить?

Ру́сский писа́тель А.П. Че́хов был по профе́ссии врачо́м. Он рабо́тал в се́льской больни́це, в кото́рой лечи́л бе́дных люде́й. В свобо́дное вре́мя он писа́л расска́зы, в кото́рых он опи́сывал свои́ впечатле́ния от рабо́ты. Он продолжа́л лечи́ть больны́х люде́й до конца́ жи́зни. Мно́гих приходи́лось лечи́ть беспла́тно. А.П. Че́хов ра́но у́мер, но за два́дцать пять лет он успе́л написа́ть бо́лее трёхсо́т разли́чных произведе́ний, мно́гие из кото́рых ста́ли кла́ссикой мирово́й литерату́ры. Увлече́ние литерату́рой сде́лало его́ вели́ким писа́телем.

3. **Прове́рьте, как вы по́няли текст. Вы́полните зада́ния.**

   1) Вы́полните тест.

   (1) Что обы́чно счита́ют гла́вным де́лом в жи́зни челове́ка?

   (А) Увлече́ние.　(Б) Рабо́ту и профе́ссию.　(В) Семью́.

   (2) Кто соста́вил в конце́ XIX ве́ка «Толко́вый слова́рь живо́го великору́сского языка́»?

   (А) В.И. Даль.　(Б) П.М. Третьяко́в.　(В) А.П. Че́хов.

   (3) Кем был по профе́ссии А.П. Че́хов?

   (А) Врачо́м.　(Б) Писа́телем.　(В) Хи́миком.

   (4) Почему́ всему́ ми́ру изве́стно и́мя П.М. Третьяко́ва?

   (А) Потому́ что он соста́вил слова́рь.

   (Б) Потому́ что он написа́л му́зыку.

   (В) Потому́ что он со́здал галере́ю.

   2) Зада́йте вопро́сы к те́ксту.

   3) Допо́лните предложе́ния информа́цией из те́кста и скажи́те, кто э́то.

   (1) Он был _____, но э́того почти́ никто́ не по́мнит. Зато́ все зна́ют его́ как _____. Тру́дно себе́ предста́вить, что э́то сде́лал оди́н челове́к.

   (2) Он был _____ и всю жизнь собира́л _____. Он собра́л большу́ю _____, а пото́м подари́л её го́роду.

   (3) По профе́ссии он был _____, рабо́тал в _____, а в свобо́дное вре́мя писа́л _____. Он счита́ется одни́м из лу́чших _____.

   4) Прочита́йте пе́рвый абза́ц те́кста, сде́лайте его́ коро́че.

教材示例 4–11

此外,在进行长语篇的阅读教学中,教师也可以依据布鲁姆的认知目标分类(如表4-9所示)来设计教学任务。

表4-9　布鲁姆的认知目标分类

1	作者写了什么?	对应记忆和理解。在这个层次,学生主要理解文本的基本信息和重点信息,对文本信息进行梳理
2	作者为什么写?	理解作者的写作目的和意图,学生需要运用高阶思维,比如推断
3	作者是怎么写的?	对文本结构进行分析,需要运用高阶思维中的分析能力
4	你认为作者写得怎样?	对作者的写作内容进行评价,需要运用高阶思维中的评价能力
5	语言聚焦与学习	关注语言知识的学习与训练
6	文本迁移与运用	基于文本又超越文本的语言运用活动

实例三:

教师应该有一定的意识,即阅读素材不仅指短文,还可以是各种应用文文本,例如寻物启事、请假条、贺卡、个人简介等。在短小精悍的语言文本中迅速抓住主要信息,是学生具备良好思维品质的一种体现。参考教材示例4-12(高中必修一 第15页)。

5. Прочита́йте объявле́ния на авто́бусной остано́вке и запо́лните табли́цу.

Помоги́те найти́ соба́ку!

Вчера́ соба́ка гуля́ла в па́рке у метро́ «Университе́т». Её зову́т Жар. Цвет чёрный. Соба́ка о́чень до́брая, споко́йная. Помоги́те найти́ соба́ку, пожа́луйста! Гото́в заплати́ть тому́, кто её найдёт.

Звони́те: 89143369341.

Помоги́те найти́ хозя́ина соба́ки!

Соба́ка гуля́ла в па́рке у метро́ «Университе́т». Соба́ка чёрная. Глаза́ то́же чёрные. Соба́ка о́чень зла́я и да́же опа́сная. Помоги́те найти́ её хозя́ина.

Звони́те: 89057187761.

	Где гуля́ла соба́ка?	Как вы́глядит соба́ка?	Кака́я э́та соба́ка?	Кого́ и́щет?
В пе́рвом объявле́нии				
Во второ́м объявле́нии				

教材示例 4-12

四、阅读能力评价量表

阅读能力评价量表如表 4-10 所示。①

表 4-10　阅读能力评价量表

时间：	班级：		人数：
	学生表现		问题记录
观察项目	能否根据常见的构词知识猜测词义		
	如何处理不认识的单词		
	能否正确理解阅读材料中的语法关系		
	能否通过上下文正确理解词义		
	能否正确理解读物的背景		
	能否正确理解事件的逻辑		
	能否正确理解读物的中心思想		
	能否正确理解作者的情感		
	是否有看文章标题、副标题和插图的意识，并能根据这些信息简单预测文章的内容		
	是否有能根据阅读材料和阅读目的，采取灵活的阅读方法或策略的意识		
	是否能够有意识地通过阅读实践提高阅读理解速度		
读的过程中学生最大的困难是什么：			

① 初中俄语学业评价标准(实验稿)[M].北京:人民教育出版社,2012.

五、阅读标准(以"节日"话题为例)

初中阶段:

能读出与主题«Праздник»有关的对话与短文(40—60 个单词)。

高中阶段:

能读出与主题«Праздник»有关的对话与短文(60—100 个单词)。

阅读教学是教师、学生、文本之间的对话过程,是在教师指导下学生通过阅读自主学习的实践活动。学生阅读能力的提高需要教师和学生的共同努力,教师要有培养学生阅读能力的意识,传授正确的阅读方法和解题技巧,指导学生采取恰当的阅读策略,例如:背景知识、词汇猜测、阅读技巧、阅读速度,以及慢读、指读、声读、心读、心译、回视、重读、查字典策略等。同时找出影响学生阅读理解的因素,让学生积极参与阅读活动,有意识地帮助他们建立适合自己的阅读策略,提高阅读能力,这是落实俄语学科核心素养的重要环节。

第四节 写作教学

写是语言输出的一种形式,也是一种重要的语言交际能力。写作教学可巩固已学的语言知识,发展学生的言语技能,是发展学生思维能力和表达能力的有效途径。语言教学的目标之一是培养学生的交际能力,这种交际能力既包括口语,也包括书面表达。由此可见,夯实写作教学,提高学生的写作能力,在语言教学中占有举足轻重的地位。因此,写作教学是语言教学不可或缺的重要组成部分,是语言学习要达到的最高层次之一。课标中对言语技能"写"的内容的要求如表4-11、表4-12 所示。

表 4-11　《义务教育俄语课程标准(2022)年版》言语技能"写"内容要求

年级	内容描述
7 年级	1. 能正确书写 33 个大小写字母。 2. 初步掌握俄语书写规范。 3. 能依据情境听写和仿写常用句子。
8 年级	1. 能依据情境仿写简单句子。 2. 能根据情境编写简单对话。 3. 能就熟悉的话题简短描述图片的主要信息。
9 年级	1. 能依据情境,选择恰当词语并写出符合言语规范的句子。 2. 能依据情境,写出逻辑通顺的短文。

表 4-12　《普通高中俄语课程标准(2022)年版》语言语技能"写"内容要求

课程类别	内容要求
必修	1. 了解基本的书写规则。如:移行、标点符号、大小写等。 2. 能听写简单的句子。 3. 能仿写简单的短文。 4. 能根据熟悉的主题写简单的记叙文。
选择性必修	1. 掌握基本的书写规则。如:移行、标点符号、大小写等。 2. 能听写简单的短文。 3. 能就所给情境写记叙文。 4. 能写简单的应用文。
选修—提高类	1. 能缩写、续写短文。 2. 能就所给情境写记叙文。 3. 能写简单的应用文。

一、中学俄语写作教学现状

随着新高考改革的推进,俄语高考的书面表达分值将由原来的 30 分增加到 40 分(含应用文写作 15 分和命题作文 25 分)。尽管俄语书面表达在高考测试中的分值越来越高,但其却是俄语教学中最薄弱的一个环节。主要表现在教师不知道怎样有效提高学生的写作水平,而学生不知该写什么,往往花费大量的时间和精力,却得不到预想的效果,由此可见,写作是俄语学习中最难提高的技能。

从教学层面分析,教师对于写作指导的针对性不强,主要采用传统的写作教学,安排的写作任务缺乏交际因素,主要是用写来练习语言知识。范文用模仿的方式,要求学生熟背范文甚至达到准确默写的程度。学生在机械背诵的过程中逐渐失去了主观能动性,开始对写作失去兴趣,甚至产生厌倦心理。在这样的教学模式下,学生的作文千篇一律,缺乏新意,没有创造性。另外,教师大的缺乏对学生写作思维的训练,导致学生的作文没有条理,缺乏连贯性,内容主次不分。

中学生写作存在的主要问题有:

1. 单词拼写、大小写及标点符号不规范。

2. 词汇量不足,所写内容不够连贯、不切题意,要点遗漏,不知道如何组织语言。

3. 句型、习惯用语及固定搭配使用不准确,语法错误较多。

(1)错用二格和动词 есть:

У нашего класса есть (数词) учеников.

У библиотеки есть много книг.

(2)错用副词做表语:

Наша учительница очень хорошо.

Мы все весело учимся и живём дружба.

(3)接格关系错误:

Мы учимся русский язык.

Наша учительница учит нас русский язык.

(4)一致关系错误:

В свободное время мы ходят к учителю в гости.

Мы никогда не опаздываем на урок и не пропускает урок.

Наш класс очень красивая.

（5）支配关系错误：

Все ученики очень уважают нашей учительницы.

Он учит нам математике.

Наш учитель отдаёт свои силы и свои знания за нас.

（6）时间错误：

Наш класс был дружным, в нашем классе есть 50 человек. После школы мы играем с учителем в футбол, танцуем под музыку. Мы весело провели каждый день.

（7）动词体错误：

Наш класс часто получит хорошие успехи.

Он каждый день вовремя придёт на урок.

Иногда наш класс занял первое место.

（8）受汉语影响导致的错误：

В классе каждый день мы идём много уроков.

Успехи нашего класса всегда занимают первое место.

Наш класс товарищи очень любят учиться.

Наш класс руководитель Ван учитель с хорошим характером.

4. 写作前缺乏足够的准备。

5. 缺乏真实性。

二、中学俄语写作基本要求与教学建议

写作是实践性很强的技能,也是俄语教学中最薄弱的环节之一。教师主观上一直以来都比较重视写作教学,可是由于多种因素的影响,加之写作是教学的一个难点,就导致写作教学还存在诸多问题。了解写作教与学的问题,就能为我们的写作教学改革提供有价值的思路。

中学俄语写作文体有:记叙文和应用文。应用文包括书信、邮件、日记、通知、便条、贺卡、启示、电话、留言条等。

（一）更新教师教学理念

新课程背景下,教师要思考如何在俄语教学中培养学生的俄语写作能力。

写作教学不仅仅要研究教学技巧,更要研究其他方面:例如如何构建中学俄语写作教学框架或模式、中学生俄语写作兴趣与写作习惯的培养等等。

写作教学中教师的作用是指导、示范、启发、鼓励、讨论、讲评,在激活相关信息、整理思路、组织素材、列出提纲、起草草稿、组织语言、正确使用标点符号和字母大小写等方面引导学生写作。选择的写作材料要与学生水平相当,贴近学生生活,话题具体,目的明确,有利于开展合作学习,有趣味性和一定的真实性。教师要依据课程标准要求开展写作教学,把控好写作教学目标,不能忽高忽低,不应加大难度。

(二)激发学生写作动机

要鼓励学生多背诵、多阅读、多思考、多交流、多实践。中学生俄语写作应从单词、句子记忆落笔开始,养成课堂记笔记、课后随笔的习惯。教师要督促学生记忆和抄写常用的俄语表达句型、格言警句、成语谚语等,从单句、少句写起,过渡到小对话、小短文,再过渡到文体写作。在教学中注重课堂巩固新知的笔头练习,并布置有题目要求和时间限制的写作任务。只有在学生有明确的写作目的时,他们才愿意写作。因此,我们在开展写作教学时,应通过创造情境和给予任务等方式来激发学生的写作动机和动笔乐趣,这非常必要。

激发学生写作动机可采取:

• 所写内容、题材、体裁应来源于教材,难度不高于教材文本
• 话题尽量贴近学生的生活
• 留给学生创造和想象的空间
• 在写作之前让学生做好准备,帮助学生开阔思路

(三)掌握写作方法

写作教学的重点要放在学生的写作过程和写作能力上,强调教师在学生写作过程中的指导作用,通过师生互动、生生互动等形式提高学生的写作认知,充分培养学生的思维能力。

• 注重作品的创作过程
• 帮助学生了解自己的创作过程
• 帮助学生建立整套写作前的构思、起草、修改策略

●给学生写作和构思写作的时间

●重视修改的过程

●让学生准确表达自己的想法

●让学生在写作过程中给予反馈,考查他们是否真实准确地表达了自己的意图

●鼓励教师和其他学生给出反馈

●在写作过程中要有师生讨论

（四）开展多维评价

学生写作离不开教师的点评指导,教师要注意作文批改方式,以鼓励为主,让学生有成就感。教师的评阅首先应聚焦学生写作内容的表达,看是否符合主题要求,使用的是否是有新意、有特点、有层次、有思想、有不同结构的句子。教师要创造条件,给学生分享作品的机会。如果是课堂写作,多尝试同伴互评、小组评说,引导学生找亮点、找亮句、找不足。评价语言侧重表扬式评语、委婉式评语、多样式评语、劝勉式评语。对于考试性写作,要重视作文讲评、评分标准、语言表述、标点符号、文章段落等,采取灵活多样的形式,激发学生写作的积极性。

（五）强化语言输入

语言输入是写作的基础,只有接受足够的输入,学生才能有较好的输出。中学生语言输入的形式有很多种,如教材内容的背诵、课内外对话阅读文本的练习、听力录音材料、看图说话等。教师要要求学生多背诵、多检查、多展示。现在的中学俄语教学,有些教师的课堂讲授和活动安排比较满,学生缺少背诵的时间和环节,这应引起教师注意。

（六）整合言语技能

言语技能是语言运用能力的重要组成部分,四项技能是相互影响、相互促进、相互作用的。培养学生综合语言运用技能是俄语课程标准提出的教学目标之一。技能整合的方式有:听说结合、读写结合、听读结合、说写结合、读说写结合、听读说写结合、功能与话题相结合。

三、俄语教科书中写作教学活动例解

语言学习中"写"是重要的一环,正确地书写字母、单词是完成写作的前提保障。教师在初期阶段可利用四线三格纸训练学生书写单个字母,逐级增加到单词和句子。

学生经过系统学习,已经具备书写作文的能力,初中到高中的提升不仅体现在写作容量上,即单词数量的增加,还体现在体裁的丰富上,即从记叙文增加到议论文,甚至是说明文。写作题材也与教科书中所学话题紧密相关,如"自我介绍"、"家庭"、"朋友"、"节日"、"互联网"、"健康"及"自然"等。

教师在写作教学活动中应当充分利用教科书提供的文本素材,帮助学生实现知识的迁移,达到学以致用、活学活用的最终目的。

实例一:

初中教材在初学阶段给学生提供了句子的书写指导,此外还将单词书写与小游戏结合起来,提高学生的学习体验感和愉悦感。参考教材示例4-13(初中七年级全一册 第5页)。

句子的书写

句子开头的第一个字母和姓名、地名等的第一个字母要大写。词和词之间要有一个字母的间隔。

10 将读音相同的大、小写字母用线连起来。

А	у	Н	т
О	м	Т	п
У	о	П	э
М	а	Э	н

11 选适当的元音字母填空,组成单词。

т		т	
т		м	
м		м	
п		п	

教材示例 4-13

实例二:

将图片与文本进行有机结合,将看和写联系起来。教科书中图文并茂的练习方式,能够锻炼学生的观察能力,培养学生用俄语描绘身边人或事物的能力,

为下一阶段命题作文的书写打下基础。

随着学习的深入，教科书中"看图写话"板块提供了更有针对性的强化写作训练。参考教材示例 4-14（初中七年级全一册 第 93、98 页）。

11. 用 его，её 和 их 填空并指出图中的物品属于哪个人。

Это Пе́тя. Он учени́к. Это ＿＿＿＿ портфе́ль, уче́бник и тетра́ди.

Это Ка́тя. Это ＿＿＿＿ каранда́ш, кни́га. Пе́тя и Ка́тя — брат и сестра́.

Это ＿＿＿＿ роди́тели. Это ＿＿＿＿ дом, а э́то ＿＿＿＿ сад.

Это ＿＿＿＿ па́па. Он инжене́р. Это ＿＿＿＿ ру́чка и костю́м.

Это ＿＿＿＿ ма́ма. Она́ учи́тельница. Это ＿＿＿＿ слова́рь, журна́лы,

а э́то ＿＿＿＿ очки́, а э́то ＿＿＿＿ письмо́.

23 根据图画内容，为每幅图写 1~3 句话。

教材示例 4-14

实例三：

当今，互联网拉近了人与人之间的距离，也为学生跨国界交流创造了机会。教科书中创设了情境：给俄罗斯中学生通过互联网写一封信，或者给俄罗斯中学生回复邮件。学生在具体情境中，完成交际任务，这种练习方式也将言语技能中的读和写技能有效结合。参考教材示例 4-15（初中七年级全一册 第 127 页；高中必修一 第 9 页）。

3. 听读俄罗斯中学生在互联网上写的信并给他回信。

Письмо́.

Здра́вствуй, мой кита́йский друг!

Меня́ зову́т Пе́тя. Я учени́к. Мой родно́й язы́к — ру́сский. Сейча́с я учу́ кита́йский язы́к. А ты у́чишь иностра́нные языки́? Ты зна́ешь ру́сский язы́к? До свида́ния.

Пе́тя.

9. **Вам на́до встре́тить Ми́шу на вокза́ле. Он брат ва́шего ру́сского дру́га. Ра́ньше вы его́ не ви́дели. Прочита́йте письмо́. Каки́е вопро́сы он вам за́дал в письме́? Напиши́те ему́ отве́т.**

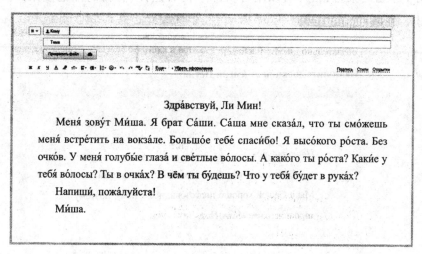

Здра́вствуй, Ли Мин!

Меня́ зову́т Ми́ша. Я брат Са́ши. Са́ша мне сказа́л, что ты смо́жешь меня́ встре́тить на вокза́ле. Большо́е тебе́ спаси́бо! Я высо́кого ро́ста. Без очко́в. У меня́ голубы́е глаза́ и све́тлые во́лосы. А како́го ты ро́ста? Каки́е у тебя́ во́лосы? Ты в очка́х? В чём ты бу́дешь? Что у тебя́ бу́дет в рука́х?

Напиши́, пожа́луйста!

Ми́ша.

教材示例 4-15

实例四:

经过前期训练,学生已经具备了一定的能力,教科书中提供了命题作文,学生需要按照题干要求或者提纲书写作文,这对学生提出了更高的要求。教师在教授过程中应注意引导,可以先通过头脑风暴的方式激发学生思考,给出多样化、个性化的答案,然后组织学生进行写作活动。参考教材示例 4-16(初中七年级全一册 第 227 页)。

18　给俄罗斯朋友写一封信。信中应包括以下内容:

1) Как тебя́ зову́т?

2) Где ты живёшь и у́чишься?

3) Как ты у́чишься?

4) Что есть у вас в го́роде/дере́вне?

5) У тебя́ есть друг и́ли нет?

6) Како́й у тебя́ друг?

教材示例 4-16

实例五：

写作形式是多种多样的，学生可以写日记、请假条、通知等。教科书中给出了丰富的素材，教师可以结合实际学情有选择、有目的性地使用。参考教材示例4-17（高中必修一 第28页；高中选择性必修一 第7页）。

6. Напиши́те дневни́к от и́мени Пе́ти.

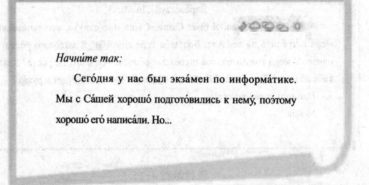

Начни́те так:

Сего́дня у нас был экза́мен по информа́тике.
Мы с Са́шей хорошо́ подгото́вились к нему́, поэ́тому
хорошо́ его́ написа́ли. Но...

8. Да́ша заболе́ла. Она́ написа́ла запи́ску учи́тельнице. Прочита́йте и напиши́те запи́ску по образцу́.

Образе́ц:

Уважа́емая Еле́на Ива́новна!

Извини́те, я не могу́ сего́дня прийти́ на уро́ки. Я заболе́ла. У меня́ высо́кая температу́ра, боли́т голова́. Я ду́маю, что у меня́ грипп. Если за́втра мне бу́дет лу́чше, я приду́ в шко́лу.

Да́ша Ивано́ва.

教材示例 4-17

四、写作能力评价量表

写作能力评价量表如表 4-13 所示。[①]

表 4-13　写作能力评价量表

时间:	班级:		人数:
	学生表现		问题记录
观察项目	能否正确书写俄语单词		
	能否正确使用常见的俄语标点符号		
	能否正确使用学过的主题词汇来组织内容		
	能否正确使用常用句式来表情达意		
	作文的布局是否合理(段落是否清楚,是否有头有尾)		
	作文的条理是否清楚		
	作文是否言之有物(有内容,切题)		
	行文是否前后连贯		
	作文内容是否合逻辑		
	语言表达是否正确		
	写作时是否先审题(明了题意),再构思,再列提纲,再动笔,最后是否检查		
	能否借助词典或语法书籍解决写作中的困难		
	能否有意识地克服俄语写作中的困难,有问题主动向老师同学请教		
写的过程中学生最大的困难是什么:			

五、写作标准(以"节日"话题为例)

初中阶段:

能仿写与主题«Праздник»有关的对话与短文(6—10 句)。

高中阶段:

1. 能够写贺卡,送上祝福(10—14 句)。

[①]　初中俄语学业评价标准(实验稿)[M].北京:人民教育出版社,2012.

2. 能仿写与主题《Праздник》有关的对话与短文(10—14句)。

3. 能够根据所给提纲或提示词组介绍自己喜欢的节日(10—14句)。

六、应用文范文

应用文与示例

Здравствуй, Оля!

Спасибо тебе за письмо. Я рада, что у тебя всё хорошо. У меня тоже всё нормально. Скоро Новый год. Я очень люблю этот праздник. В школе мы разучиваем новогодние песни. Для украшения зала ребята повесили разноцветные шары. Напиши, как вы готовитесь к Новому году.

До свидания.

Твоя подруга Ира.
20.06.2019

随着新课程改革的不断深入,中学俄语写作教学有了创新与发展的新契机。教师要更新理念,结合教学内容和学生实际,运用不同的教学策略开展写作教学。随着经济全球化和我国国际地位的提升,俄语交际能力已逐渐成为核心竞争力之一,能否流利运用俄语进行口头或书面交流影响着学生未来的发展。从这种意义上讲,听力和阅读能力的训练和培养是语言教学的手段,其中心任务和基本目的是为培养学生的口头和书面交际能力而服务的,加强俄语写作教学的研究势在必行。

七、言语技能教学活动创新设计示例

在语言习得过程中,听、说、读、写四个方面是相互交融、相互促进的。因此,教师在进行教学活动设计时,应当考虑四个方面的关联性,例如将听与说有效结合,锻炼学生的口语表达能力;将读与写有效结合,锻炼学生的综合语言运用能力。下列三个课例中,教师通过巧妙的设计将言语技能的习得贯穿于课堂活动中,既锻炼了学生的综合语言运用能力,又培养了学生的俄语语感。

课例名片

年　　级:高中一年级

执　教　者:上海外国语大学附属中学　张佳佳

教学内容:人教版　普通高中教科书　俄语

　　　　　必修第一册　第4课

　　　　　В музее природы

课题:В музее природы（диалог）		课型:俄语综合课
教学目标	以对话材料为文本,在听、说、读、写的俄语教学过程中培养学生的综合语言运用能力;通过创设真实情境,使学生对博物馆相关知识有所了解,增强对本国文化的自信心;以对话内容及文后练习为语言支撑,让学生尽量表达自己对于某一问题的看法,在这个过程中其创造性思维得到发展;在引导学生进行梳理总结的过程中,培养其举一反三、凝练整合的能力,发展其持续学习的动力。	

教学过程			
教学环节	时间	教学活动	多媒体辅助
导入	1	提问学生:"有没有去过上海自然博物馆? 那里有什么? 喜欢那里吗?"	上海自然博物馆图片
活动1:听对话,完成任务	3	听录音(第一遍),回答提问:"他们在哪里? 从这段老师和同学们的对话中你了解到哪些信息?"	课文录音
	3	听录音(第二遍),回答对错(课后练习)	博物馆图片
活动2:对话朗读,完成任务	3	分角色朗读,朗读之前提问:"你们知道哪些树和哪些动物的名称? 看看我们的对话中又出现了哪些动植物的名称。"使学生能够带着问题朗读对话。	名片
活动3:针对词汇、句型的分析	10	重点词汇解说并操练:关键词、专有名词 同时请同学找到文中句子	地图 动植物图片
	3	引导学生对同根词和构词法进行初步了解:белогубый, красноногий; юг — южный, восток — восточный, запад — западный, север — северный。	

续表

教学环节	时间	教学活动	多媒体辅助
活动4：转述对话	5	根据对话内容，请同学代入讲一讲，今天干了什么，知道了什么。（需要用到以下关键词汇：деревья，животные，фотография，расти，беречь，редкий）	
活动5：讨论人与动物的关系	10	（课后的练习6） 参观完博物馆，班级里组织了班会，以"人与自然"为主题，大家纷纷发表自己的感想。先看看课本里的主人公们是怎么讲的，你们又是怎么想的。	生词直接翻译在PPT上辅助理解、《Утро в сосновом лесу》Шишкина图片
活动6：课堂小结和作业布置	2	1)教师对今天课堂学习的内容进行小结； 2)回家作业：生词造句；结合今天的课堂内容，写一写，今天去博物馆了解了什么，想到了什么；找找这些动物都在哪些省份。	

课例名片

年　　级:高中三年级

执　教　者:济南外国语学校 Климахина Татьяна

教学内容:人教版　普通高中教科书　俄语

选择性必修第四册　第2课

Мой любимый учитель

Тема：Мой любимый учитель.

Цели：

1. Образовательные：Работать над чтением статей, учить понимать выражения в речи учителя. Повторить основные изученные речевые клише и фразы, активизация изученной ранее тематической лексики и грамматики.

2. Развивающие：Развивать умения и навыки письменной речи, чтения вслух и про себя, умения выразительной интонационно грамотно оформленной речи.

3. Воспитательные：Мотивировать учащихся на изучение иностранного языка как нового средства общения，способствовать расширению кругозора，воспитать уважительное отношение к учителю.

Задачи：

1. Актуализация лексических единиц по теме изучения.

2. Чтение статей из Учебника и извлечение необходимой информации.

3. Развитие навыков письменной речи.

4. Выработать умение составлять текст по плану.

Средства обучения：компьютер，доска，Учебник，тетрадь.

Ход урока

Этапы урока	Деятельность учителя	Деятельность учащихся	Примечание
I. Организационный момент. Цель урока.	Цель：подготовка учащихся к работе，организация внимания и внутренней готовности. Проверяется умение организоваться，быстро включиться в деловой ритм，реагировать на приветствие и слова учителя. — Доброе утро，дорогие ученики！ Учитель приветствует учащихся，выявляет отсутствующих，проверяет готовность к уроку. — Сегодня мы будем продолжать изучать Урок 2 из Учебника 4 Д «Учителя и ученики». Сегодня мы продолжим говорить об учителях；мы будем рассказывать о любимых учителях；учиться писать сочинение о любимом учителе（о любимой учительнице）по плану；объяснять，за что мы благодарны учителям и чему они нас научили.	— Здравствуйте，учитель！Включение в ритм работы. Учащиеся реагируют на слова учителя.	Диалог с учащимися.

续表

Этапы урока	Деятельность учителя	Деятельность учащихся	Примечание
Ⅱ. Речевая разминка	Цель: подготовка учащихся к иноязычной речевой деятельности, правильному фонетическому и интонационному оформлению речи, правильному произношению, формирование положительной мотивации к изучению русского языка, введение в языковую среду. 　　Отрабатывается правильное произношение учащимися слов, то есть произносительные навыки.		Активизация изученной ранее тематической лексики.
	— Давайте повторим некоторые русские слова, которые сегодня мы будем использовать на уроке! Скажите, как это по-русски? Учитель предлагает перевести слова с китайского на русский языки и исправляет ошибки.	Всего 16 ранее изученных слов, для каждого ученика по одному слову (в классе 16 учеников). Работаем по цепочке.	
Ⅲ. Введение нового материала. Формирование и развитие умений во всех видах речевой деятельности	Цель: подготовка учащихся к иноязычной речевой деятельности, введение в языковую среду. Для этого учащимся необходимо знание необходимых лексических единиц по теме, умение понимать на слух речь учителя и одноклассников, уметь отвечать на вопросы.		Работа с Учебником
	Страница 30 № 6 — Прочитайте статьи, в которых бывшие ученики вспоминают о своих учителях. Сначала учитель предлагает работать со статьёй Вл. Андреева: выбрать правильный вариант ответа и ответить на вопросы (5 вопросов), а потом предлагает работать со статьёй Ал. Пугачёвой: выбрать правильный вариант ответа и ответить на вопросы (3 вопроса).	Чтение статей Владимира Андреева и Аллы Пугачёвой. Ученики по очереди читают незаконченное предложение и выбирают правильный ответ. Ученики рассуждают вслух и отвечают на вопросы, используя речевой материал.	Слайд 8 (3 предложения) Слайды 9–13 Слайд 14 (3 предложения) Слайды 15–17

续表

Этапы урока	Деятельность учителя	Деятельность учащихся	Примечание
IV. Развитие письменной речи	Цель: развивать способность писать собственные творческие работы.		
	— О чём можно написать в сочинении «Мой любимый учитель»/«Моя любимая учительница»? — Какие слова и выражения из статей Задания 6 можно употребить в сочинении «Мой любимый учитель»/«Моя любимая учительница»?	Ученики предлагают план сочинения. Ученики записывают план и нужные слова для сочинения в тетради.	Слайды 18—25 Запись в тетрадях
Формулирование и запись домашнего задания	Напишите сочинение «Мой любимый учитель»/«Моя любимая учительница» в тетради.		Слайд 28
Подведение итогов урока.	Учитель и ученики обобщают изученный материал, при необходимости ученики задают вопросы по непонятым им аспектам.		

Самоанализ урока

Для каждого вида и этапа работы рационально выделено время на уроке. Логично выстроена структура и организованы связки между этапами урока.

Ученики работали в основном со всеми сторонами языка. В основном развивались такие виды речевой деятельности, как чтение, говорение и создание тематического эссе.

Я считаю, что все поставленные цели и задачи на уроке достигнуты. Урок проведён успешно, но не хватило времени на уроке для анализа плана к сочинению.

课例名片

年　　级:初中九年级

执 教 者:济南外国语学校　赵世双

教学内容:人教版 义务教育教科书　俄语

　　　　　九年级全一册　第 2 课

　　　　　О наших школах

一、教材内容分析

本单元是人教版义务教育教科书 俄语九年级全一册 第二单元,围绕主题《О наших школах》展开教学活动。本单元包含丰富的多模态语篇,以图片、对话、短文形式介绍了学校生活。本单元,学生能够通过参与听、说、读、写、看等活动,在教师引导下对比、梳理、归纳初中已学相关知识,学习新的言语知识,锻炼自己的俄语综合语言运用能力。

二、学情分析

学生在七年级第 6 课、第 11 课,八年级第 1 课、第 6 课已经学习了与"学校"有关的部分词汇,比如课程、学生、学习、教师等,绝大部分同学已经能熟练运用这些已知词汇。语法方面,学生在七年级第 14 课、八年级第 4课、第 9 课已经学习了名词、形容词、代词单数 6 格的变化规则和用法。根据学生已知内容,结合本单元教学内容,考虑学生俄语水平的差异性,授课时应该循序渐进,设置不同层次的练习任务。此外,引导学生每节课进行预习、复习,每节课后鼓励学生进行自评和小组互评,每单元结束进行单元内容归纳与整理。

三、阅读写作课目标

为培养学生俄语学科核心素养,发展学生俄语综合语言运用能力,根据《义务教育俄语课程标准(2022 年版)》,结合本主题单元的内容,从语言能力、文化意识、思维品质和学习能力四个维度设定学习目标。

1. 语言能力

能基本理解关于"学校、老师"的语篇,掌握语篇主要信息,理解主题意义;能通过上下句理解句子含义,依据情境理解语篇主要内容;能将意义关联的词语和句子组成语篇,完成读后命题作文,并依据作文评价标准进行自评、互评。

2. 文化意识

培养学生热爱学校、热爱学习的品质;引导学生积极参与跨文化交流活动,培养学生"用俄语讲述中国故事"的能力。

3. 思维品质

能归纳学习内容的主要信息,理解整体意义;能对学习内容中的主要信息进行简单的复述和转述;能就熟悉的题材内容进行简单的缩写和扩写,语言通顺、恰当、得体。

4. 学习能力

能积极参与课堂活动;能制订明确的学习计划,合理安排学习任务,学会预习、复习课程内容,整理归纳所学知识;能积极建立同伴关系,完成小组学习任务,能够对所学知识进行拓展性运用。

俄语九年级第二单元阅读写作课设计

教学环节	师生活动	活动意图
一、新课导入 (Вводная часть)	1. Ученики читают нужные формы слов в скобках упражнения 28. Учитель показывает правильные формы слов. 2. Учитель показывает цели этого урока.	1. 检查学生课前预习并完成作业的情况,为接下来的阅读学习做好铺垫。 2. 学生了解本节课的学习目标,能更好地参与并完成教学任务。

续表

教学环节	师生活动	活动意图
二、新课呈现（Новый урок）	**活动 1** Ученики быстро читают письмо и найдут основное содержание каждого абзаца. Учитель рассказывает ученикам о стратегии чтения. • ①　　　Что есть в классах? • ②　　　Какие учителя у нас? • ③　　　Что есть в моей школе? • ④　　　Какой язык учат ученики? • ⑤　　　Что я хочу рассказать в письме? • ⑥　　　Что любят ребята в нашей школе?	1. 学生通过快速阅读，初步了解语篇大意。 2. 老师进行阅读策略的点拨，有助于培养学生良好的阅读习惯，提高阅读效率。
	活动 2 Ученики читают письмо абзац за абзацем, отвечат на следующие вопросы. 1) О чём Максим хочет рассказать нам? 2) В какой школе он учится? 3) Какие функциональные места есть в его школе? 4) Что есть в его классе? 5) Какой язык ученики учат? Что они делают на уроках языка? 6) Какие учителя работают у них? 7) Чем ученики занимаются после уроков?	学生精读语篇，通过分析与综合，了解语篇的具体信息。
	活动 3 Ученики читают письмо абзац за абзацем, записывают важные содержания, выполняют карту разума. Цель этого письма: я хочу рассказать о нашей школе... В нашей школе есть...... В классе есть...... Ученики учат...... Учителя хорошо работают..... После уроков ученики занимаются спортом..... абзац 1: цель письма:　　абзац 4: Ученики учат......на уроках...... абзац 2: В школе есть......　Наша школа　абзац 5: Хорошие учителя работают...... абзац 3: В классах есть......　абзац 6: Ученики занимаются спортом после уроков......	学生再次朗读语篇，通过梳理与归纳，把握语篇内容的逻辑关系，形成思维导图，为下一环节的语篇内容复述及作文仿写提供框架。

续表

教学环节	师生活动	活动意图
二、新课呈现 （Новый урок）	活动4 Ученики пересказывают главное содержание письма с помощью карты разума в группе. Учитель слушает, как ученики переска-зывают.	学生借助思维导图以小组为单位依次复述语篇内容，加深对语篇知识的理解，提高语言表达能力。 教师走近学习小组，听取学生复述情况，了解掌握学情，调整教学节奏。
	活动5 Учитель показывает фотографии о нашей школе (о наших классах, библиотеке, музыкальных классах, лабораториях, спортивном зале, стадионе, классах рисования, кабинете-работ) и карту разума, ученики пишут сочинение на тему «Моя школа».	学生运用本课所学的词汇、句式、语篇结构，完成命题作文《我的学校》，提高语言的综合运用能力。
	活动6 Учитель показывает критерии оценки. Ученики сами оценивают свои сочинения. Потом другие ученики оценивают. В конце учитель выбирает 2 сочинения учеников, и оценивает.	老师出示作文评分标准，为学生作文评价提供依据。通过学生自评、同伴互评、教师评价，真实客观地反映作文完成情况，优点及时鼓励表扬，待改进的地方及时进行完善。
三、课堂总结 （Обобщение）	Ученики сами обобщают, что они учили на этом уроке. 1. Стратегии чтения Обратить внимание на первое и последнее предложение в одном абзаце. Обратить внимание на контекст, выяснить отношение между абзацами. 2. Главное содержание письма Как русские ученики относятся к своей школе? Что есть в школе? Какие уроки у них? Что они обычно делают после уроков? 3. Метод писания сочинения по образцу после чтения.	
四、作业布置 （Домашнее задание）	Обязательное задание： Ученики исправят свои сочинения по критериям оценки после урока. Задание по желанию： Ученики прочитают текст «Мой любимый учитель» на странице 41, используя метод чтения сегодняшнего урока. Попробуют рисовать карту разума, и писать сочинение на тему «Мой любимый учитель».	作业布置落实国家双减要求，以"优质、高效、均衡"为宗旨，课后作业分为必做作业和选做作业。必做作业注重基础知识的掌握与夯实，选做作业要更注重知识的迁移和能力的提升。

续表

教学环节	师生活动	活动意图
＊阅读写作课设计理论依据	根据《义务教育俄语课程标准（2022 年版）》，语篇部分的学业要求为：能根据语篇中的人物和事件的发生、发展过程，初步了解语篇大意；能通过分析与综合，了解语篇的具体信息；能通过梳理与归纳，把握语篇内容的逻辑关系；能根据语篇内容进行简单缩写和扩写。	

第五章　基于核心素养的中学俄语教学设计

《国家中长期教育改革和发展规划纲要(2010—2020 年)》指出:"全面贯彻党的教育方针,坚持教育为社会主义现代化服务,为人民服务,与生产劳动和社会实践相结合,培养德智体美全面发展的社会主义建设者和接班人。"这是我们每一位教师都必须遵循的教育准则,因此教师要转变以往的教学观念,创新课堂教学行为,帮助学生学会做人、学会学习,践行落实立德树人的根本任务。以学生发展为本是新时期课程改革的重要理念之一,只有建立新的教学方式和学习方式,才能促进学生的全面发展。因此,教师应树立新的基础外语教学观,且贯穿整个教学过程,而教师的教学观在教学工作中最直接地体现在教学设计之中。

第一节　中学俄语教学设计概述

教学需要从设计开始,教学设计则需要从理解教学与设计的内涵开始。中学俄语教学作为学校教育活动的重要组成部分,必须以中学生的发展为逻辑起点和最终目的。因此,中学教育活动的内涵应该指向中学生的发展,这也是中学俄语教育的逻辑起点和最终目的。

一、中学俄语教学的内涵

（一）中学俄语教育内涵

《中国学生发展核心素养》研究成果于 2016 年 9 月正式公布。核心素养以培养"全面发展的人"为核心，分为文化基础、自主发展、社会参与三个方面，综合表现为人文底蕴、科学精神、学会学习、健康生活、责任担当、实践创新六大素养，具体细化为国家认同等 18 个基本要点（如表 5-1 所示）。《中国学生发展核心素养》规定了我国学生发展的基本目标，也是我国教育的基本目标。明确学生发展核心素养，一方面可引领和促进教师的专业发展，另一方面可帮助学生明确未来的发展方向，激励学生朝着这一目标不断努力。

表 5-1　中国学生发展核心素养体系

领　域	素　养	要　点
文化基础	人文底蕴	人文积淀，人文情怀，审美情趣
	科学精神	理性思维，批判质疑，勇于探究
自主发展	学会学习	乐学善学，勤于反思，信息意识
	健康生活	珍爱生命，健全人格，自我管理
社会参与	责任担当	社会责任，国家认同，国际理解
	实践创新	劳动意识，问题解决，技术运用

对于我国学生发展核心素养体系所规定的"国际理解"等素养，俄语学科具有独特的学科教育优势，因此其将"语言能力、文化意识、思维品质、学习能力"确定为学科教育的核心素养目标，中学俄语课程亦当以此为基本目标。

由此可知，中学俄语教学设计应该以发展学生核心素养为基本目标，以语言能力、文化意识、思维品质、学习能力为学科教育目标，这是中学俄语教学设计的最核心内涵。

（二）中学俄语课程内涵

义务教育和普通高中俄语课程标准规定的课程总体目标是一致的，即培养和发展学生的语言能力、文化意识、思维品质、学习能力核心素养。通过俄语课程的学习,学生应能达到本学段俄语课程标准所设定的四项学科核心素养的发展目标。

语言知识和言语技能是综合语言运用能力的基础;文化意识有利于正确地理解语言和得体地使用语言;有效的学习策略有利于提高学习效率和发展自主学习能力;积极的情感态度有利于促进主动学习和持续发展。在中学阶段,俄语课程旨在落实立德树人根本任务,面向全体学生的课程目标为:以培养和发展核心素养为导向,通过开展多种形式的言语活动,帮助学生发展俄语听、说、读、写等技能,形成用俄语与他人交流的能力。在学习中促进学生心智全面发展,提高人文素养,引导学生成为具有坚定理想信念、家国情怀和国际视野的社会主义建设者和接班人。

(三)中学俄语教学内涵

根据中学生的生理和心理发展需求,中学俄语教学通常具有以下特点:教学内容贴近生活,符合中学生的兴趣需求;语言功能、结构、话题、任务有机结合;教学方法多样,生动活泼,激发学生的学习兴趣;教学组织和课堂安排灵活,以学生为主体,有利于充分调动学生的积极性;采用多种媒体的现代化教学手段,创设良好的语言环境和充分的语言实践机会,优化教学过程;运用激励机制,评价形式多样化,鼓励中学生积极进取。中学俄语教学方法众多,无论是经典的语法翻译法、直接法、听说法、情境法,还是交际法、任务教学等,都对中学俄语教学有着或此或彼的作用。对一些具体的教学内容,不同的方法有不同的作用。中学俄语教学设计就是根据不同的教学内容、教学目标、学习者特征、教学条件等,选择恰当的教学方法,形成科学、合理的教学过程、教学策略、教学活动等,引导学生形成俄语运用能力。

中学俄语教学必然地包含了中学俄语课程的教育性,尤其是文化意识、思维品质的发展,更是中学俄语教育的基本内涵,学习能力亦在其中。

(四)中学俄语教学设计的内涵

教学设计由三个基本部分组成:分析、设计和评价。分析是指对教学背景、教学内容、教学对象及学习需求进行分析;设计包括设定教学目标以及为达到教学目标所要实施的教学过程,即采取的教学步骤、选择的教学策略(教学模式或教学方法)及教学资源;教学评价设计是指设计出检验学生的学习是否达到了预期效果的方法。这三个基本组成部分互相联系,构成教学设计的基本框架。

1. 教学分析

(1)教学背景分析

《普通高中俄语课程标准(2017 年版)》规定,俄语学科核心素养包括:语言能力、文化意识、思维品质、学习能力。俄语课程以达成学生俄语学科核心素养为目标,课程内容包含互为依存的六个要素:主题、情境、语篇、知识、言语技能和学习策略。具体的学习内容是课程标准规定、通过教材实现的语言材料。进行教学背景分析的目的是要使教师和学生明白教和学的内容及策略。教学背景分析和教学目标密不可分。

(2)教学内容分析

进行教学内容分析时,首先,教师要分析这节课的内容在整个俄语教材中的地位,即本节课的学习内容与以前学习过的、今后将要学习的哪些内容有联系。这种"联系"包括三个层次:本节课的内容在整个俄语教材体系中的地位和承上启下的作用,本节课的内容在所教学段中所处的地位和作用,本节课的内容在这个知识单元中所处的地位和作用。其次,教师要分析这一节课的内容要达到的广度和深度,即在对上述整体联系的理解之下,确定本节课学习的内容与其他哪些内容要建立宽泛的观念联系以及需要达到的理解深度。最后,教师要梳理和研究诸多教学目标,分析本节课在有限时间内需要重点完成和附带完成的内容。通过这样一个从整体到局部的内容分析,教师最终确定本节课的教学目标,清楚地知道自己制定的这些目标背后的知识脉络关系。在这个过程中,教师要明确需要重点完成的内容目标应该指向学科内容本质。

(3)教学对象分析

在学习内容分析的基础上,教师要进一步做教学对象分析。学生是学习的主体,是教学的对象,学生分析是成功开展教学设计的一个重要因素,是整个教学设计的起点,只有准确把握学生的俄语学习特征,才有可能设计出符合这一特征的教学目标、教学策略、教学技术、教学过程与评价标准。教学设计的一切都基于学生的特征分析。

学生分析包括一般分析和具体分析。一般分析是对所教学生的个性特征、兴趣、信心、学习动机、学习风格、学习方法、认知能力和认知水平及语言知识所处水平的分析。学生分析通常在教师最初接触学生时开展。具体分析指在开展一个具体教学内容之前分析学生的学习需求、相关知识与能力所处的水平、与预期目标之间的差距及认知特点。同时，还要对学生在学习新语言知识时可能会出现的困难做出分析，确定他们的学习起点，并在此基础上制定教学目标，选择教学策略及教学资源并设计各教学环节。学生分析要依据面向全体的原则，针对各类学生的学习起点，明确需要对哪些内容进行具体的分析。

(4) 学习需求分析

学生学习需求分析指通过调查与分析确定学习目标与学生起点水平之间的差距。学习目标的确定是学习需求分析的关键，确定学习目标需要考虑学生发展的需求，以及教学设施、教学媒体、教学材料、学生学习动机、学生家庭背景等教学活动的情况和条件，只有充分考虑这些因素的制约和促进作用，才能确定合理、科学的教学目标，进而通过教学活动达成教学目标。

2. 教学设计

教学过程设计是教学设计的关键环节，是对教学全过程进行设计，包括教学目标、教学策略(含各种教学活动)、教学过程、教学技术等。

(1)教学目标的设计

正确的教学目标是有效教学的基础，是课堂教学的关键。要确定教学目标，首先必须明确课程目标，将教材中的单元目标与课程目标相比较、联系，然后根据教材的具体内容确定单元教学目标。如果教材与新课程标准的要求一致，在确定单元教学目标和课堂教学目标时，就可以首先分析教材中的教学活动和认知层次，然后根据活动要求明确教学目标，将目标具体为行为表现。其次，就俄语课程而言，每一单元、每一堂课的教学目标还必须采用行为动词的表述方式，避免抽象概括的表述，如"理解""掌握"等;表述要以学生的学习所得为对象，而不能以教学行为为对象，如"培养""训练""激发兴趣"等。

（2）教学策略的设计

教学策略是为了完成教学任务、实现教学目标而采取的教学活动的程序、方法、形式和媒体等教学因素的总体设计，包括对知识与技能教学内容的序列设计，对教学活动过程的系统问题和期待的学生反应的设计，对媒体呈现信息方式的设计，对教学组织形式的设计，即课时的划分，教学顺序的设计，教学活动内容的选择以及活动方式的设计。

教学策略设计必须基于教学目标，切合教学内容，适合学习者特征，还要考虑实际教学条件的可能性，创造性、灵活地设计和安排教学活动，巧妙设计各个环节，合理安排相关因素，形成系统、总体的设计，使之发挥整体教学功能。

教学策略可以分为：组织教学过程、安排教学顺序、呈现特定教学内容的教学组织策略，确定教学信息传播形式和媒体、教学内容展开顺序的教学传递策略，将教学组织策略和教学内容传递策略协调起来的教学管理策略。

（3）教学过程的设计

教学过程的设计指教师依据俄语学习的基本规律，系统、有层次地向学习目标推进的过程，内容包括教学环节的设计，教学活动的安排，教学各阶段、各步骤之间的过渡与衔接的设计等。教学设计的成果可以用教学流程图来展现。教学过程要有一定的层次性，每一层次间的过渡要流畅。教学过程设计主要解决"怎么学"和"怎么教"的问题，如在整个教学中如何调动学生的学习兴趣，激活学生的相关知识，使学生有效地感知、理解新的语言知识和学习内容；如何创设情境，使学生在贴近生活的情境中操练和巩固知识，训练和提高技能。教学过程是为实现教学目标而开展的多个教学活动组成的连续过程，这也是课程标准倡导的强调学习过程的俄语教学途径。

（4）教学技术的设计

教学离不开技术，无论是传统的黑板、粉笔等板书技术，还是现代电子技术、互联网、多媒体技术的使用，都有助于提高教学的有效性，所以教学设计需要教学技术设计。

教学技术设计包括教学媒体的选择与使用和运用教学媒体辅助教学活动的设计。教师应基于学习目标、学习内容、学习者特征和教学策略与教学过程的设计，依据各种教学媒体所具有的教学功能和特性选择教学媒体，设计教学媒体辅助活动。各种教学媒体对于教学的功能不同，效果不同，各有所长，没有适用于所有教学内容和教学情境的媒体,也没有必不可少的媒体,只有有效的媒体和媒体的有效使用。

教学媒体的选择与教学媒体辅助教学活动的设计直接影响学习目标的达成以及教学策略的实施。在俄语教学设计中,由于视频、音频媒体是语言教学的重要媒体,所以对于这些媒体的设计与选择非常重要,但是不能为了技术而选择技术,而应该以教学需要为依据选择和使用教学媒体。

3. 教学评价

教学评价是教学设计的一项关键内容,它不仅是评价教学效果的重要依据,也是调整与改进教学的重要途径。从教学准备到实施的工作完成,通常还需要经过评价来检验教学效果。按照教学评价的不同目的、作用及时间来分,教学评价主要有诊断性评价、形成性评价和终结性评价三种类型。按照评价主体来分,教学评价又可以分为自我评价、小组评价和教师评价。在进行教学评价时,应将教学目标作为教学评价的依据,借助一定的评价方法和工具,建立较为健全的评价指标体系,对教学进行更加全面深入的评判。在教学过程中,客观真实的教学评价设计能帮助教师了解学生的知识掌握情况,适时调整教学活动、教学方法和步骤,以取得更好的教学效果。

二、中学俄语教学设计的原则

(一) 坚持"育人为本"原则

虽然我们每位教师的教学观各不相同,但坚持"育人为本"是我们教师的主线。教学观念是不以人的意志为转移的。不管教学观是否正确,也不管教师自觉与否,教学观始终支配着教师的教学活动,并且贯穿整个教学过程。教师的教学观影响着其自身的教学行为,并在教学工作中体现出来。新课程呼唤教师转变以往的教学观念,创新课堂教学行为,帮助学生学会做人、学会学习,成为学生学习的组织者、引导者、合作者和学生全面发展的促进者,践行落实立德树人的根本任务。以学生发展为本是新时期课程改革的重要理念之一,只有建立新的教学方式和学习方式,才能促进学生的全面发展,突出学生的个性健康发展,关注学生的终生可持续发展。因此,作为教育工作者的我们应树立新的基础外语教育观。

（二）坚持"五育"并举原则

2019年，中共中央、国务院印发《关于深化教育教学改革全面提高义务教育质量的意见》（以下简称《意见》）。《意见》提出了要坚持"五育"并举，全面发展素质教育。认真落实党中央、国务院关于"发展素质教育"的新要求，强化德育、体育、美育和劳动教育应有地位，突出德育实效，提升智育水平，强化体育锻炼，增强美育熏陶，加强劳动教育，促进学生全面发展。深化教育教学改革，全面提高教育质量，要坚持以习近平新时代中国特色社会主义思想为指导，全面贯彻党的教育方针，落实立德树人根本任务，树立德育为先、全面发展、面向全体、知行合一的教育质量观。新时代对人才培养提出了新的要求，新时代的教育需要培养会学习、能创新、具有较高的社会适应能力，具有开创精神、国际视野，通晓国际规则、能熟练运用外语的人才。作为中学俄语教师，我们理应肩负起国家赋予我们的重任，在课堂教学设计和实施中，培养学生的核心素养，践行社会主义核心价值观。通过发展学生的语言知识与言语技能，发展学生的德育，实现教书育人的目标。在教学设计过程中，要深度研究文本，梳理文本信息及语言知识，确定教学目标，培养学生的言语技能，注重文本内与文本外信息，培养跨文本化意识和综合语言素养。综合语言素养包括语言知识、言语技能、学习能力、文化意识等方面。

在此，特别强调教师在教学设计时要时时考虑：德育为魂，能力为重，基础为先，创新为上。践行"无处不课程、无人不课程、无事不课程"的课程行为。从以教为本到以学为本，从传递中心到对话中心。把先进教育理论转变为课堂教学理念，把课堂教学理念转变为课堂教学行为，把课堂教学行为转变为课堂教学智慧。克服影响学生核心素养发展的问题，比如说：重知识传授，轻能力训练；重知识，轻文化，弱思维，创造力不强；重知识结构、形式、知识点，缺乏实践意义；习惯被动接受、模仿、重复、记忆；教学方式单一，易走极端；吸取各家所长、兼收并蓄不足；等等。要树立新的知识教学观：从"知识教学"走向"认知教学"；从"知识点"走向"知识丛学习"；从"知识积累"走向"知识运用"；从"知识目标"走向"多维目标"。

（三）强化课堂"主阵地"原则

新课程背景下中学俄语教学设计应服务于课堂教学质量的提升,强化课堂主阵地的作用。因此,提高课堂教学效能至关重要。在教学设计中,要注重课堂问题的解决,注重新知的讲授方式,选择学生感兴趣、易接受、能理解,并达到内化新知和生成新知的方法。一个人的能力是有限的,我们要集思广益,充分发挥集体备课和教研支撑的作用。教学设计首要考虑的是优化教学方式,注重启发式、互动式、探究式学习方式。俄语学科应该重视情境教学,强化学生认知和情感体验,探索基于俄语课程的综合化教学,提高语言运用能力。提高教学质量应该从规范我们的教学行为做起,加强课堂教学全过程常态化管理与调控。其次,要完善课堂练习、作业、测评考试的评价方式,建立以发展素质教育为导向的科学评价体系,注重形成性评价与终结性评价相结合,以落实减负要求。再次,探索"互联网+"俄语教学方式的运用程度,促进信息技术与俄语教学的融合应用。最后,要增强育人时代使命,大力提高我们的教育教学能力。

网络时代如何获取知识、如何进行创造性思维,显得尤其重要。每堂课教师要在充分了解学情的基础上,设定好教学目标、教学容量,保证每堂课的高质、高效,避免脱离学情的课堂;避免盲目的课堂;避免低效的课堂,提高每堂课的针对性和质量。坚持自主学习是基础,合作学习是提升,充分发挥好学习小组的作用,教师只起引导、点拨、纠错、补充的作用。真正实现从知识型向能力型的过渡。教师除了要透彻掌握学科课程标准和教学内容外,还要充分地了解学生,结合学生的实际和学习需求,注重激发学生的学习兴趣和积极性;要用心编设预习学案或预习提纲;要提高自己的课堂调控能力,以应变课堂上随机生成的新目标;要发扬课堂民主,把学习的主动权交给学生,注重激励性的语言评价等。因此,在实践课程改革过程中,教师的自身素质和各种能力得到了真正的锻炼和提高,课堂始终处于"民主、平等、宽松、和谐、愉快"的教学氛围之中,学生真正成为学习的主体,他们在课堂上,敢于面对全体同学大胆地展示、讲解、表达表演、动手实验、积极思考、勇于质疑释疑。不同层次的学生都有各自的学习任务,每个人都有自主参与课堂的积极性和表现自我的强烈意识,从而锻炼了俄语综合语言运用能力。

三、中学俄语教学设计的依据

(一)依据俄语课程标准

中学俄语教学设计的主要依据是教育部颁布的俄语学科课程标准。初中的依据是《义务教育俄语课程标准(2022 年版)》,高中的依据是《普通高中俄语课程标准(2017 年版)》。除俄语课程标准外,教学设计的依据还有所使用的俄语教科书、教师教学用书以及学生的学业情况。

课程标准是教材编写、教学、评估和考试命题的依据,是国家管理和评价课程的基础文件。新课程标准对俄语课程性质、基本理念和课程目标都有明确具体的表述,根据各门课程的性质、目标、内容、框架,提出教学建议和评价建议;体现国家对不同阶段的学生在语言能力、文化意识、思维品质、学习能力等方面的基本要求。课程标准具有规范和指导教学的作用,是确定教学目标的出发点和一切教学活动的依据。新课程标准是课时目标的上位目标,应该以此为依据制定单元教学目标及课时目标。教师在进行教学设计前要仔细研读课标,熟悉课标内容,领会课标理念。

(二)依据教育教学理论

1.建构主义理论

学习是主动接受知识的过程,因此在整个教学过程中,学生一定是学习的主体,教师起组织、指导和促进作用。教师要引导学生积极地建构知识框架,充分发挥学生的积极性、主动性和创造性,才能高效地完成知识建构。因此,教学设计应聚焦通过多种途径和方式让学生感知、体悟、内化、生成,学生应当成为积极能动的参与者,参与到教学活动的各个环节。

2.多元智能理论

人的智能是由言语/语言智能、逻辑/数理智能、视觉/空间关系智能、音乐/节奏智能、身体/运动智能、人际交往智能、自我反省智能、自然观察智能和存在智能九种智能构成的。每个人都同时拥有上述九种智能,只是这九种智能在每个人身上以不同的方式、不同的程度组合存在,从而使得每个人的智力都各具特色。因此,学校里并没有所谓的"差生"存在,每个人都是独特的,都具有自己的智能长项,每个学生在学校生活中都应有发挥自己潜能的机会,世界上并不存在谁聪明谁不聪明的问题。

3.人本主义学习理论

注重对学生内在心理世界的了解,以顺应学生的兴趣、需要、经验以及个性差异,起到开发学生潜能、激发起其认知与情感的双重作用,重视创造能力、认知、动机、情感等心理因素对行为的制约作用,即新课改提倡的"以人为本,以学生的发展为本"的理念。

(三)依据课程资源

课程资源包括国家教材审定委员会审定通过的教材、练习、教辅资料、学辅资料、音视频影像资料等,其中最重要的是教科书文本及教材图示等内容。教材是教师进行教学活动的主要依据,是师生进行教与学互动活动的载体。教师要熟知课堂所用教材的课程体系、编写模式、课时安排、单元内容、难易程度,这是制作课件、命制试题的前提条件。要想达成良好的教学效果,研读教材、开拓性使用教材至关重要,借助网络选择适合的课程资源也是很好的选择。高度重视课程内容的优化与完善,熟悉教材,是教师上课的前提,是备课的基本任务。

无论是课程标准还是教育理论、课程资源,它们都是静态的,有时仅呈现教学要求的结果。对于教师来说,教学并非简单地将这些静态结果教给学生,而是要在学生参与学习活动的过程中,将这一结果转化为他们的知识和技能储备,并提升至终身学习能力。因此,教师要依据课程标准、教育理论和课程资源,以及学生学习的心理结构和行为规则,开展俄语教学实践,进而形成自己独特的教学知识与智慧。

第二节 中学俄语教学设计要素分析

教学设计是教学实施前的必要准备,是应用系统方法分析、研究教学问题和需求,并解决它们的教学策略、教学方法和教学流程,同时要对教学结果做出综合评价。其主要以分析学习需要、解决教学问题、优化学生学习为目的,依据教学目标、分析学生学习需要,形成有效的课堂教学实施过程,具有动态性特征。

基于核心素养下的俄语教学设计不同于以往的备课。以往的备课是教师根据学科要求和课程特点,结合学生的具体情况,选择合适的教学表达方式和顺序,以保证学生有效学习。新课标改变了传统教学设计中只关注教师的教,而忽视学生的学的现象。传统意义上的备课,教师的主要关注点是"教教材"。教教材侧重从教师的经验层面来安排教学内容、形成教学方案、执行教学流程。随着新课程改革的进一步深化,俄语教学更强调突出学生的主体地位,改变了以往单向的知识传授模式,将课堂教学看作师生互动的过程。因此,教学设计是老师为实现所期望的教学效果而提前做的教学计划,是改进教学方式和学习方式、提高课堂教学质量的前提。无论是对于年轻教师还是富有经验的教师来说,备好课都是至关重要的。

实际教学中,教师并不太考虑教学设计的依据,存在教学设计的盲目性倾向。有些教师意识到了教学设计依据的必要性和重要性,但是在实际操作时缺乏对教学设计的整体认识。对于有些教师而言,教学设计就是根据以往的教学经验,将课堂教学中要做的事情罗列出来,上课时按部就班完成预先设定好的各步骤程序,这样的教学缺乏逻辑性和科学性。

新课程标准对俄语课程性质、课程目标、课程内容、实施建议和学业质量都有明确表述,具有规范和指导教学的作用,是确定教学目标的出发点和一切教学活动的依据。核心素养下的俄语教学设计的主要内容包括教学目标设计、教学对象分析、教学内容设计、教学过程设计、教学评价设计等五个方面(如图5-1所示)。俄语学科的教学设计既要遵循教育教学基本规律,还必须体现俄语学科特点,以达成学生俄语学科素养为目标。

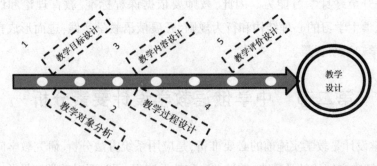

图 5-1

教学设计是一个系统的工程,需要教师综合考虑各环节要素,进行整体设计。我国中学教师专业标准把"教学设计"作为教师"专业能力"的重要领域,并且对教学设计能力提出了"科学设计教学目标和教学计划"和"合理利用教学资源和方法设计教学过程"的基本要求。系统化教学设计涉及诸方面,比如说:教学内容分析与组织;教学目标的制定;达成目标的诸多要素的分析与设计;教学过程设计;教学对象分析与教学背景分析;选择适当的教学方法,确定教学的媒体,教学效果的评价;教材整合、课堂提问的设问、言语技能的均衡发展等。教学设计有核心关注点和次关注点。核心关注点指的是课标内容、教学内容、学情、考试大纲,其他为次关注点。教学设计要具有针对性,宏观分析和微观分析相结合,一般分析和具体分析相结合,体现对教学的导向性。

一、教学目标

教学目标设计是俄语课堂教学的出发点,也是教学评价的依据。为了更好地在教学实践中科学地确定和实施教学目标,教师除了要了解教学目标的含义外,还应了解教学目标分类理论,这样才能有助于课堂教学的有效实施。

一节课成功与否很大程度上取决于教学目标的设定,如果把握不准教学目标,教学效益就会大打折扣。教学目标要结合内容和学情,具有可操作性。制定教学目标时,教师必须充分考虑学生的实际情况,细致研究学生在课堂教学内容方面的认知困难和情感困难,确保最大限度地实现教学目标。教学目标的实质是学习目标,即学生在完成学习任务之后应达成的预期结果。教学目标作为教学设计的重要组成要素之一,决定了教师的教学行为,对于整体教学设计中教学内容的开发、教学活动的设计、教学环节的安排、教学方法的选择、课堂操练方式以及课后作业的设计、学习效果检测等方面具有统领与导向的作用。可以说,教学目标在教学设计中起到了导教、导学、导评价的关键作用。制定教学目标时应注意如下几点:

★ 符合课程标准的要求

★ 适应学生的特点

★ 符合学生的认识规律

★ 体现学生的兴趣要求

★ 涉及各个学习领域

★ 体现一定的层次性

在进行教学目标分析时,要确定教学的重点和难点。教学重点是课程标准规定的或者教师根据具体教学目标确定的学生应掌握的学科重点语言知识和言语技能,处于课程教学的核心地位,具有统领性、代表性、典型性等特点;教学难点是学生在学习过程中可能存在的认知障碍、理解困难或实践难度较大的内容。在确定教学重、难点时,教师首先要理解课程标准要求,从学生学习的角度,而非教师教学的角度出发进行设计。有些情况下,教学重点即为教学难点。因此在进行教学设计时,教师可以运用多种方式的教学活动或任务达到强化重点、化解难点的目的。教学目标要可操作性强,指向性准确,能够达成,是可测量的,并且教学目标的设计要体现出层次性。

首先,可以根据布鲁姆的教育目标分类学标准,设计不同层次的目标。布鲁姆将认知学习领域目标划分为知识、理解、应用、分析、综合、评价六个层次,知识体现学生的记忆能力,是学生对一些具体信息的回忆;理解指领会知识材料的意义;应用指运用所学知识,在新的情境中解决具体问题;分析指能够将复杂信息分解为不同的组成部分,并知晓各部分间的关联;综合指将所学知识重新组合、形成新的知识整体;评价指利用评价标准对事物进行评判。各层次逐渐由低到高,从简单逐渐向复杂过渡,教师在进行教学设计时,应以教学内容和学情分析为依据,设计凸显层次性的教学目标。

其次,教师在教学目标设计中要基于不同学生的知识储备和能力水平,对学习内容和目标做出分层次的要求,体现因材施教的分层次教学。在教学表述的语言上可以采用不同方式描述不同学生范围,及需要各范围学生达到的程度。

教学目标是教学开始前预期的学生学习结果,是教学设计的起点。科学而合理地选择、确立教学目标,是有效教学的前提与基础,是准确评价教学的保证,也是教学准备阶段的关键一环。

实例一:词汇学习

人教版普通高中教材俄语选择性必修第二册第 3 课«Магазин»中包含大量与购物有关的词汇,教师可以从核心素养的四个维度设定教学目标。

语言能力:学生能够熟记动词的变位和接格;能根据接格正确地翻译句子并能完成相关练习;能够读懂、正确翻译对话,根据内容编写新的对话并表演。

文化意识:学生在学习的过程中,体会中俄两国在"购物"场景中语言表达的共同点和差异,并能正确运用本节课学习的内容来询问、表达商品的价格。能够在中俄文化的对比中,热爱本国文化并感受俄罗斯文化的魅力。

思维品质:大多数学生能够借助旧知识学习新知识,根据自己已经掌握的知识,构建更加全面的语法体系。学习困难的学生能够分清及物和非及物动词,进而记忆不同类型动词的接格。

学习能力:学生能够在课堂上熟记动词的变位和接格,按照老师的要求完成实践练习,并能在语篇中理解动词的用法。学习能力较强的学生可以把这些词汇运用到实际生活中。

实例二:语法学习

人教版普通高中教材俄语必修第一册第 4 课«Вы любите природу?»中的语法项目为形容词比较级,教师可以从核心素养的四个维度设定教学目标。

语言能力:掌握俄语中形容词比较级的构成和用法。

文化意识:通过创设情境,了解在不同语境中形容词比较级的运用;通过造句的操练环节,对中俄两国重要城市的气候特征有初步了解。

思维品质:引导学生带着问题进入课堂学习,以解决问题为导向,鼓励学生在任何时候都要具备勇于探究的精神,在师生互动、生生互动过程中使其创造性思维得到发展。

学习能力:在引导学生梳理归纳的过程中,培养以旧带新、举一反三、提炼整合的能力;将所学知识内化为自己的综合能力,并发展出持续学习的动力。

实例三:篇章阅读

通过不同形式的课文阅读,了解作者的表达和用意,并能够在文章内容的支撑下开展对某一问题较为深入的讨论。在学习过程中,加深对于"人与自然"这一主题的理解,发展对于人类命运共同体的同理心。在总结、归纳、思考、讨论的过程中,学生的学习能力和创造性思维得到发展,形成持续学习的动力。

二、教学对象

教学目标设计要围绕学生进行,学生既是教学的对象,又是学习的主体,教学活动的中心,因此教学设计的出发点和归宿要以学生为本。教师有必要了解学生的特征,对其特征进行分析,以提高教学的适用性和针对性。教师可从起点能力、学习风格、学习动机三个方面对其进行特征分析。

教师应该考虑学生现有的能力水平与教学预期应达到的水平之间的差距,针对具体教学内容进行学习需求分析。这种分析并非教师凭借经验的主观判断,而是有目标、有分析、有规划、有反馈的具体务实的过程。教师根据课时教学内容,在有针对性地设计学情调查、分析的基础上确定教学目标和教学重难点内容,选择适合的教学策略和教学手段,设计教学流程,避免学情分析的盲目性和空泛性,确保课堂教学的有效性。对学生学习情况的分析和学生学习任务的确定水平,是影响教学成败的关键。

具体来说,分析与研究教学对象包括如下内容:

其一,了解不同年龄段学生的学习心理特点、个性化差异。即对学生的年龄特点、认知成熟度、学习动机、态度、个人对学习的期望、生活经历、家庭背景和俄语文化背景等的了解,例如:在视野、文化、交流等方面。其二,掌握学生原有的知识基础和认知结构,即学生已经具有的知识基础、智力水平和学习能力。其三,观察学生对教学的反应,在课堂上根据学生的情绪、兴趣、专注度,随时调整自己的教学。在课后,教师应听取学生的意见,为今后备课做好准备。总之,教师应了解不同层次学生的学习准备情况、生活经历、现有的知识水平以及智能差异,从而有的放矢地设计教学,使教学策略更具实效性。

实例一:

老师可以结合实际情况,对学生进行整体分析,考虑学生的学习需求、学习内容以及学习者个性化特征。

学习需求分析:学生在七年级教材中已经接触了动词这一词类,对动词的变位已经熟识,并对动词的用法有了初步的认识。在八年级教材中学生接触了接格比较复杂的动词,基本具备了综合运用各项语法的能力。本册教材的难度对学生具有一定的挑战性,除语言知识本身以外,对学生的学习能力提出了更高的要求。

学习内容分析:本节课的主要内容是八年级第 12 课中有关"购物"主题的动词,先对动词的变位和用法进行讲解,然后通过完成相关练习对所学词汇的用法进行巩固,最后以阅读语篇、表演语篇的形式,检验学生对这些词汇的运用能力。本节课的内容为新授课,这些动词的用法相对复杂且贴近生活,让学生在语篇提供的语境中进行学习,可以提高学习效率。

学习者个性化特征分析:本节课的教学对象为八年级的学生。经过一年多的学习,学生具备了一定的语法基础,但是整体的学习能力还有待提高。除少数同学能够正确运用动词,且能正确地把动词后的名词、形容词变成适当形式外,大多数同学的综合运用语法能力不强。这就需要教师在授课时设置适合不同层次学生的教学任务,争取做到以学生为本,人人参与课堂,学有所得。

实例二:

学生已经初步掌握了名词单数、复数 1—6 格的基本构成;同时具备能用俄语表达一些简单数字的能力;能理解并用俄语表达一些与日常活动相关的动词以及它们的相应形式,如 завтракать、обедать、ужинать、читать、писать、играть、смотреть 等。在以往的学习中也储备了一些活动主题的句式,为学习本课打下了良好的基础。从本节课所涵盖的语法角度出发,在时间表述中,当用具体数字与"小时"(час)、"分钟"(минута)联系在一起时,学生可能在选择使用名词单数 2 格还是复数 2 格上出现问题;另外,在不同的句式中动词的时态、动词体的选择也可能会出现错误。因此在教学过程中应该多用句式比较的方法,鼓励学生多动脑、多表达,并及时给予鼓励性的评价。

实例三:

学生经过俄语必修三本教材的学习,掌握了 500 多必学词和一定数量的词组,能够理解和运用简单句及复合句,复合句学习了带说明从句、原因从句、时间从句、目的从句的主从复合句。对俄罗斯的基本国情、风俗习惯和交际礼节等国情文化知识有了进一步了解,具备了一定的语言交际运用能力。

目前学生的综合能力有区别,教师上课时要兼顾个体差异,授课内容的难易程度要循序渐进,评价体系也要随时调整。不仅要正视学生俄语学习出现分化的问题,更要努力想办法解决、缩小学生俄语学习能力的差距。在小组活动中,要学优帮带学困,对学习困难同学多关注。

三、教学内容

有效的教学设计,需要进行教学内容分析。现阶段中学俄语教学内容的分析根本意义上是对教科书的分析,即研读语言知识,包括语音、词汇、语法、文化知识,也要研读文本信息。对所教教科书的编排体系及教学内容之间的衔接关系有所了解。普通高中俄语教科书的编写基于主题意义,根据教学目标和学生实际情况,对教学内容尤其是教学活动进行整体设计。教师可以酌情舍弃或者增加、重新组合教学内容与教学活动,教学内容与教学依据根据单元整体教学要求设计。义务教育教科书是结合主题,对同一类语法和词汇安排多次学习,每一次学习都揭示新的内容,内容和难度上是循序渐进、螺旋上升的。较好地把按主题顺序编排的语言材料与学习俄语基本语言知识结合起来,可以使学生在围绕不同主题进行交际时,获得正确运用语言所必须掌握的知识。另外,教师在用心钻研所教课重点、难点的同时,还应注意了解语言材料涉及的背景知识及相关文化习俗。我们学俄语的同时,也是在了解它的文化,教科书的核心是语篇以及相关学习活动。

新课程背景下,强调教师在教学过程中要具有单元教学的意识和单元教学的习惯。单元教学是一种系统化、科学化的教学体系。采用单元教学的方式,可以实现知识的有效整合,实现"整体语言教学",使俄语课程的学习成为提高学生人文素养的一个过程。同时,采用单元教学的方式,可以突破教材的限制,有效延伸我们的课堂。单元教学要求老师能够站在知识系统性的高度,以单元话题为基础,将本单元出现的重要知识结构重新进行整体的编排,组成一个知识整体或意义整体,并通过语篇形式进行呈现。

在教学内容分析之后,我们应根据分析结果进行教学设计。设计一般包括教学内容的选择、组织,不同知识类型、不同课型的设计等。教学内容的选择与设计都有一定的标准与方法。教学内容的组织必须依据学生的知识基础、年龄特点、认知规律和知识发生发展的规律。它是保证教学结构的稳定性,使教学可以科学、有序、合理、高效进行的基础,是支撑教学结构的基本框架。具体来说就是要遵循由浅入深、循序渐进的原则,采取由特殊到一般,再到特殊的认识问题的一般方法与规律,处理教材,组织教学内容,安排教学程序。准确分析把握教学内容,是有效教学设计乃至有效教学的基础。

实例一:

本课以义务教育八年级第 10 课为基本内容,主要学习不定向运动动词 ходить, ездить, летать 的词义、变位以及与第 9 课学过的定向运动动词 идти, ехать, лететь 的用法区别并进行训练,以教师为主导,学生为主体,通过言语交流将知识循序渐进、由浅入深地传授给学生,使学生初步掌握定向与不定向运动动词的基本用法。

实例二:

本课为《Мой день》这一单元中的一堂语法课,围绕"时间"这个主题以及相应的若干语法点,通过对话、看图说话等丰富的构件,展开多种活动,旨在培养学生的综合语言运用能力,为后面的语篇学习以及写作训练做好铺垫。本节课的内容与学生日常生活息息相关,能够激发学生的学习兴趣,不但让他们有话可说,还能帮助他们更好地进行时间规划。通过学习本课内容,可以鼓励孩子们制定自己的作息时间表,让孩子更好地利用时间。本课涉及了与时间表达相关的句子类型,教学重点是怎样准确表达"现在是几点?"的问答以及"在几点?"或"什么时候?"的问答;教学难点是上面两种问答句式的区分以及如何用俄语通过时间表达法来讲述自己的一天。

实例三:

本课采用人民教育出版社选择性必修第一册教材,围绕主题《Здоровье》展开主题单元教学活动。本单元主要学习如何描述自己和他人的健康状况,学习疾病名称以及治疗方法,就医时的文明礼仪,了解中俄医疗体系的差异。学生将运用与该主题有关的词汇、句式进行听、说、读、看、写以及思维活动。本单元的语法项目是:带条件从句的主从复合句。本单元的主题和我们的日常生活密切相关,所学知识点是学生乐于学习和接受的,并对进一步的学习应用充满期待。

教学内容是教师和学生进行教学活动的重要依据,是学生认识和掌握的主要对象,是教与学相互作用过程中有意传递的主要信息。为了更加合理地选择和设计教学内容,应特别注意遵循科学性、基础性、发展性、可接受性、时代性、多功能性等原则。教师掌握其要领,就能恰当地选择教学方法,合理地确定教学步骤,有秩序地呈现教材,帮助学生积极地投入到知识的心理建构中去,并达成学习目标,最终使自己成长为专家型教师。

四、教学过程

课堂教学过程的构成单位是教学环节。把各个教学环节按照教学原则的要求科学地排列起来,就是课堂教学的步骤。课堂教学过程的设计应以学生的认知过程、知识体系、技能体系及教学目的、教学任务为依据。科学、合理的课堂教学过程是贯彻教学原则、完成教学任务的有效保证。主要包括:教学程序、教师活动、学生活动的设计以及活动设计意图。

首先,对学生的活动要重点设计。何时探究、何时分组、何时讨论问题以及预期讨论的结果都要有所体现。

其次,教师的活动设计。主要体现在教学情境的创设,问题的设计,尤其是探索性问题的设计。一般来讲,问题设计应以中等程度的学生为准,同时适当照顾两头的学生。主要考虑以下六个方面:

——问题的设置应具有趣味性、挑战性、障碍性和可接受性;

——问题的选择应适当包含一些较难或较易的题目,有层次和梯度;

——针对不同水平的学生问不同难度的问题;

——设计的教学活动尽可能让全体同学都参与;

——小组活动中有意将成绩处于两头的学生有选择地编排在一起,而将其他水平相当的学生编排在一起;

——小组活动或两两活动中教师走动到成绩处于两头的学生中间参与交流。

再次,分配好全班活动、小组活动、两两活动、教师和学生的说话时间等各个环节的教学时间。适当注意个体差异,反馈信息及小组活动,这样会起到一定的组织调节作用。

实例一：语法课

人教版普通高中教科书 俄语必修第一册 第4课			
教学过程			
教学环节	时间	教学内容	多媒体辅助
导入	2	听对话，回答问题：Кто выше？ （выше，чем я） 请同学猜猜今天的主题	视频
活动1： 认识与了解	3	举例1： "今天我们的主题是形容词比较级，来看看它是怎么构成和使用的。" 提问班上学生：你几岁啦？你几岁啦？谁大？谁小？谁高？谁矮？	例句（显示两种表达）
活动1： 认识与了解	3	举例2： 看图说话：哪个房间比较干净（脏）？ 哪个教室比较明亮（暗）？ 哪条裙子长（短）？ 哪里的冬天冷（暖和）？	图片
活动2： 梳理与总结	2	由学生自行总结变化规律和用法： "我们已经认识了这些形容词比较级了，谁能找到它们的共同之处？"	表格
活动2： 梳理与总结	3	老师帮助梳理总结构成规律及用法： "请大家认识一下三种后缀。"	思维导图

续表

教学环节	时间	教学内容	多媒体辅助
活动 2： 梳理与总结	3	归纳变化及用法的要点： "我们再看看书上是怎么写的（P63），确认一下我们的想法。" "读完书上的内容，你们能找到什么重要信息吗?"	
活动 3： 实践与运用	3	操练 1：词形变化 "那让我们来快速操练一下吧!" 要求学生快速讲出形容词的比较级形式 （如果有需要，可以参考表格内容）	词汇纸
	5	操练 2：游戏巩固 "让我们来做个游戏吧!"	希沃平台自带小游戏
	6	操练 3：造句 "这些城市你们都认识吗？让我们来聊聊这些地方的天气。"	表格
	8	操练 4：对话 认识一下以下情境： 1）班级里来了个新同学，放学后聊聊关于她的情况； 2）这是我的好朋友 Коля，聊聊他的家庭； 3）聊聊我们班级同学的情况。	图片 例词
活动 4： 课堂小结 与作业	2	1）对今天课上的重要内容进行小结； 2）请学生回家复习今天课上所学内容，尤其是表格里的特殊形式。	

实例二:阅读课

人教版普通高中教科书 俄语必修第一册 第4课

教学过程			
教学环节	时间	教学内容	多媒体辅助
导入	3	展示该单元主题图片,向学生进行提问: 1.认识这幅画吗? 谁画的? 叫什么名字? 2.当你们看着这幅画的时候,感觉到了什么? (тишина、спокойствие、красота природы…) 3.你们喜欢住在这样的森林吗? 还是喜欢住在现在的城市? 4.觉得大城市有什么好的和不好的地方吗?(导入主题"保护环境") 5.做出小结:大城市的确有很多环境问题,环境保护已经成为很严肃紧迫的问题了,今天我们要读一篇文章,名叫 «Берегите мать-природу»。 文章有点长,给大家3分钟时间默读一下,然后告诉我,这是一篇怎样的文章?(весёлый/серьёзный/грустный/бессмысленный)	图片、表格(大城市生活的好与不好)
活动1: 初识文章, 回答问题	6	默读并完成任务: 1.回答问题:这是一篇怎么样的文章? 2.请同学相互提问,并回答是或否。	文后练习1
活动2: 分段朗读, 分析文章	18	请同学分小节朗读文章,同时解析文中的关键词汇、语法及右边问题。	
活动3: 齐声朗读, 划分段落	5	请大家带着问题进行朗读: "这篇文章可以分为几部分? 每部分大概讲了什么内容?" 朗读结束以后请同学回答。	
活动4: 围绕主题, 进行讨论	6	借助图片和词汇,我们来讲一讲,可以为保护自然做些什么?(больше/меньше/надо/нельзя) В тексте такое предложение: каждый из нас должен отвечать за всё, что мы делаем. Если конкретно, что нам надо делать для природы? Думаю, эти знаки об экологии и слова вам будут помогать。	图片(保护自然的标示图)、对照表格

续表

教学环节	时间	教学内容	多媒体辅助
活动5：课堂小结及作业布置	2	1)总结今日课堂内容； 2)回家作业：背诵课文片段；根据课上讨论内容，写一篇题为《我们可以为保护自然做什么》的短文；完成练习3(课文第6自然段的缩写)。	

实例三：词汇课

人教版义务教育教科书 八年级全一册 第12课

环节一：导入

教师播放视频，学生观看视频后，要说出自己听到的单词、词组或句子。

设计意图：视频能够快速吸引学生的注意力，激发学生的学习兴趣，同时创设情境。在正式开始讲课之前，可以在视频内容的引导下，复习已经学过的词汇和语法，让学生迅速进入学习状态。在观看视频之前，教师可以提出问题，让学生带着问题去看视频。例如：

Ребята, сегодня мы дальше учим урок 12. Сначала вместе посмотрим видео, а потом вы мне скажете, что вы видели и слышали.

环节二：复习

通过前置研究，让学生进行小组讨论，快速回忆起前几课时学过的内容。

设计意图：购物这一主题内容丰富，每课时的内容都有着紧密的联系，所以复习尤为重要。数词的用法和本节课要学习的动词 платить// заплатить, стоить 有着直接的联系，可以为学习这些动词做好铺垫。

环节三：新课展示

1. 讲解新单词

设计意图：单词是语言的基础，本课动词的用法涉及名词形容词的多个变格。本环节通过教师的讲解，可以让学生尽可能快地记忆动词的变位，最大程度上理解这两个动词的意义和接格。同时学生可以调动原有知识储备，来帮助学习新的词汇。

2.实践练习

设计意图：简单有针对性的练习题可以让学生更加深刻地理解单词的用法，有利于学生避免在后面的学习环节中出现基本的语法错误，起到承上启下的过渡作用。

3.语篇练习

设计意图：借助语篇的内容及其创设的情境完成学习任务，可以提高学生对知识的理解和应用能力，同时可以锻炼学生的朗读、翻译能力。

4.能力提升

根据所给商品和价格，编写(表演)对话。

设计意图：本环节主要是为了提高学生对词汇和语法的综合运用能力。基础一般的同学可以不改变对话的基本内容，根据图片上给出的价格，朗读对话即可。基础较好的同学，可以自主选择想要购买的商品，根据语境，编写对话并表演。这种分层次布置学习任务的形式，可以让学生尽可能多地参与课堂，做到学有所得，学有所用。

环节四：总结评价

评价学生学习成果，梳理本节课主要架构。

设计意图：本环节由教师调动学生对本节课的内容进行总结，然后给予补充，可以提高学生学习的自主性。学生在听同学和教师的总结之后，能够加深对本节课内容的记忆。评价方式主要为适当的奖励，以此鼓励学生积极参与课堂，提高课堂的参与度，从而保证学生的学习效果。

环节五：家庭作业

一组：完成22页第16题，并把翻译写在作业本上。

二组：背诵动词 платить//заплатить 和 стоить 的变位，完成第16题。

三组：熟练书写动词 платить//заплатить 和 стоить 的变位并熟记，独立默写。

五、教学评价

教学设计中学生的学习效果是教师教学效果评价的基础和依据。进行教学评价时，要以教学目标为参照，从学生的学习表现及学习结果出发进行考量。对学生的学习效果进行评价时，可以采用多样化的评价手段和工具，如课堂检测、当堂展示、小组竞赛、小型问卷调查、课后学生访谈、课堂自评表等。评价标准要尽量细化，评价主体也要体现多样化。除了教师对学生的评价以外，学生也可以开展互评和自评，培养学生的自我评价、自我调控能力，进一步形成良好的自主学习策略和意识。教学评价的目的是发现每个学生的潜质，强化改进学生的学习方法并为教师提供反馈。因此，在教学设计时我们要从中学俄语课堂教学实践的角度出发，将俄语教学评价理论融入学生有效的学习过程中，从升学选拔的指挥棒角度上转变过来。"为促进学生的发展而评价""为促进教育质量的全面提高而评价"。我们要关注俄语教学的课堂内容、活动过程，关注多元的评价方法，比如说自制测验、调查问卷、行为观察、访谈记录、档案评价等。

（一）自制测验

自制测验，就是教师自行编制的测验，是指教师根据教学的需要，凭借自己的经验设计和编制的测验，是一种非标准化的测验，多用于平时教学中的学业成就评价，目的在于检验教学效果。教师应把自制测验当作教学过程的一部分，分析教材承载的任务，落实考查的重点、难点。这种自制测验针对的是所教群体的个性需求。

（二）调查问卷

问卷是一种应用很广泛的书面调查工具，它通过被调查者对问卷问题的回答来反映被调查学生的某些特征，如学生的语言知识学习、言语技能、学习能力、文化意识、学习策略等方面。

（三）行为观察

所谓行为观察是指在评价过程中对评价对象的某些心理活动的外在表现行为进行有计划、有目的的观察。把观察的结果记录下来，作为评价的资料和素材。通过记录，可了解不同课堂活动内容、过程等在整个课堂活动中所占的比率。课堂行为观察既可以是宏观的对课堂的整体情况观察，也可以是微观的对如教师课堂语言、学生语言和课堂内的交流、活动情况等的观察。

（四）访谈记录

教师可通过与学生的口头交流，了解学生学业等方面的相关信息，作为调整教学的依据之一。访谈一般是在课堂观察和问卷调查的基础上设计的，它是和问卷法、观察法相辅相成的一种评价工具。

（五）档案评价

档案记录了学生学习进步的状况，也能为家长、学生和教师提供成长发展的信息，档案作为一种评价工具则涉及评价项目、个人评价、小组评价、家长评价、教师评价、总评等。

六、教学设计应注意的几个问题

教学设计要结合知识的特点，学生的生理特点、认知规律、班风、学风以及教师的教风进行。不同的教师对同一节课的教学设计是不一样的，这就是同课异构，教无定法。教学设计要处处围绕"高效"进行，要在创设教学情境上下功夫。

1. 课堂是学生学习的主阵地，并非教师才能展示的地方。

2. 最糟糕的教学是"课堂替代"，最糟糕的替代是"思维替代"。教师替代的越多，学生的思维空间就越少。

3. 成长无法替代，发展必须主动，要培养学生自己解决问题的能力。

4. 要避免教师填鸭式教学，调动学生学习的主动性，多设计活动教学，增加学生的参与度。

5. 倡导启发式教学，教师要集中力量点拨、讲评学生学习过程中的易混、易错、易漏点，讲学生想不到、想不深、想不透、解决不了的。

6. 教学设计要关注不同程度的学生，尤其是在问题设计上，比解答问题更为重要的是根据学生不同情况设计不同层次的问题。

7. 教学设计要具有可操作性，在时间上不占用学生自主学习和休息的时间，提高课堂效率和时效性。

8. 让学生了解教师的教学计划，将教师的教学计划转变为学生的学习计划，真正让学生成为课堂的主人。

9. 导入设计要简练、精准、有趣味。

提问时有几个方面要注意,要避免几个误区:超简单、超难、提问之后预留的思考时间太短、学生没有兴趣。

一要把问题设计在学生的最近发展区,也就是最容易理解和最容易接受的区域。

二要针对知识精心设计问题,围绕目标达成设问。要在教学的重点难点处设计问题;在教学的突破口处设计问题;在新旧知识的结合处设计问题;在教学概念的易混淆处设计问题;在内容归纳总结处设计问题。

三是设计的问题要有利于学生发散思维和创造思维的培养。

四是问的问题要有层次。

五是要设计不同的设问角度,其生成的教学效果是不同的。

10. 探究的设计要合理。

合作探究的内容:需要综合分析与探究讨论的内容;某些方法、结果或原理容易存在意见分歧的内容;方法不确定或答案不唯一的内容;个人独立完成困难的复杂内容。

探究的误区:一是泛化。超简单的问题进行探究,学生自主学习就能解决的问题进行探究。二是神化。认为探究无所不能,是高效的关键。三是自由化。没有层层递进的问题设计引领,没有及时捕捉学生探究过程中的问题,及时点拨纠偏指导,教师只作为旁观者。

11. 多媒体教学要适度、适量、适时、适情。教师在选择课件的时候,必须考虑为什么要使用课件,使用其他的仪器或方式效果是否更好;选用课件的作用、效果是什么;什么时候用,什么方式插入合适。

科学、合理的教学设计对提升课堂教与学的效果具有决定性的推动作用。它能够促进教学工作的科学化,因为教学设计是建立在对教学内容、教学主体、教学资源等方面的系统而科学分析的基础上的,从而避免了教师开展教学工作时的随意性以及仅凭经验实施教学的盲目性。通过教学设计,一方面把相关教学理论以及研究成果运用于教学实践中,使理论能够真正与实践对接,促进教学更好开展。另一方面,通过教学设计中的评价反馈,源于教学实践的有价值的经验可以进一步丰富教学理论,使教学理论与实践相互间达到良性促进。

教学设计的实质是解决教学问题,优化教学过程,需要教师具备一定的学科专业知识、教育教学知识、教学经验、反思能力和创新意识等。在不断钻研教学设计、实施教学的过程中，教师能够逐步提升自身的教学应变能力、问题解决能力及课程执行能力，从教书匠转变为研究型教师，促进自身的专业化发展。

在正式开始一节课之前，我们需要考虑学生现阶段的学习起始水平、下一步要达到的学习目标和实现该目标需要的教学策略、需要选用的教学媒体；在课堂教学过程之中，我们需要观察学生的理解和掌握情况，根据学生已经达到的程度，继续推进教学过程，或者及时调整和修改预设的教学步骤；在完成教学后，我们还需要对教学目标的达成情况进行评价、对我们的教学活动和学生的学习活动进行反思等。所有这些活动，都是教学设计的重要内容。

第三节　中学俄语教学案例分析

根据《普通高中俄语课程标准（2017 版）》和人教版高中俄语教科书的特点，单元是学习活动内容的一个完整体。一个单元围绕一个主题，包含若干个语篇，每个语篇都有一个单元主题下的具体语境，"主题语境+语篇材料"构成活动的学习材料。设计单元整体教学的关键是：教师基于对单元整体教学的内容分析，确定要引导学生进行主题意义学习理解的重要方面，通过分析本单元主题意义探究的方向制定单元整体学习目标后，要将宏观的单元整体教学目标细化为每个课时可达成的。

以下提供三个不同类型的课例，课例一为语法新授课，执教者立足核心素养，在语法教学中落实了学生思维品质的培养。课例二为听说活动课，执教者将育人目标融入到了课程设计中，通过课堂活动引导学生意识到兴趣爱好可以陶冶人的心情，每个人都应有自己的爱好和积极向上的生活方式。课例三为言语活动课，商店购物话题与学生实际生活息息相关，因此执教者通过创设情境、模拟场景、完成任务等方式强化学生的言语技能，帮助学生实现学以致用。

课例名片

年　　级：高中一年级

执 教 者：哈尔滨市松北区对青山镇第一中学　朱潇雅

教学内容：人教版　普通高中教科书　俄语
　　　　　必修第三册　第3课
　　　　　带目的从句的主从复合句

教学背景

思维品质培养的关键路径是：在俄语教学中培养学生观察、归纳、总结的能力。学生通过观察«путешествие»这一主题语境下的带连接词чтобы的主从复合句结构，找出其中的差异，进而归纳语法规则。在原有对主从复合句意义理解的基础上，通过分析与建构新的语法知识，即"Как в русском языке выражается значение цели，когда мы что-то делаем для себя и когда мы что-то делаем для другого человека."，这一过程就是学习与提高的过程，也是思维品质培养的过程。

教学内容

本节课的主要内容是教师引导学生观察带连接词чтобы的主从复合句的语言现象，体验带目的从句的主从复合句在使用中的意义，归纳和总结带连接词чтобы的主从复合句的结构。最后尝试在主题语境中运用语法进行恰当、得体的交际。

教学对象

对学生年级、个性特征、兴趣、认知能力和认知水平及语言知识所处水平的分析。

对青一中2020届俄语生的俄语学习水平存在差异。部分学生初中阶段学习成绩相对优异，俄语基础知识比较扎实，学习习惯相对良好，会动脑会思考，课堂上能够在教师的引导下调动运用旧知识，也能够较快地理解、运用课堂所学新知识,所以在高中阶段的学习中会比较突出。而另一部分属于初中阶段学习成绩不十分理想的学生,他们出于不同原因在初中阶段选择了俄语作为外语学习的对象,但是在学习习惯、学习耐心和学习成绩方面会存在差距,部分学生没有掌握俄语语音、名词变格、动词变位等基础知识。总体而言,学生的俄语学习水平不同,对俄语学科的学习需求有差异,在课堂教学和布置作业时需要采取循序渐进、频繁引导、分层次教学的实践方法。

需求分析

学习目标与学生起点水平之间的差距。预测学生在学习新语言知识时可能会出现的困难,确定学习起点,并在此基础上制定教学目标,选择教学策略及教学资源并设计各教学环节。

教学目标

1. 掌握主从复合句的结构,理解其表意功能。(原来了解的)

2. 理解带目的从句的主从复合句在结构和用法上的区别。

3. 能够在语境中正确运用带连接词 чтобы 的主从复合句。

4. 通过学习如何用连接词 чтобы 来表达目的,提升学生观察、归纳、分析和总结等的思维能力。

教学过程

一、导入语境,培养思维的开放性

教师展示下图,创设语境,调动学生积极性,引入教学内容。

看图,师生对话如下:

Диалог между учительницей и учениками

Учи.：Ребята, кого вы видите на этой фотографии?

Уче.：Это вы.

Учи.：Да, это я. Тогда я путешествовала в Петергофе. Ребята, вы знаете, где находится Петергоф?

Уче.：Да, он находится в Санкт-Петербурге. Он тоже называется «Летний Дворец».

Учи.：Ребята, вы молодцы. Вы хотите знать, что мы с другом делали в Петергофе?

Уче.：Да.

Учи.：Прочитайте мой дневник за пять минут, потом расскажите, пожалуйста, о чём вы знали?

(导入后,学生阅读相关素材,简单介绍语篇。)

(Дневник：

Несколько лет назад, когда я работала в городе Владивостоке в России, мы с подругой решили, что летом поедем на экскурсию в Санкт-Петербург. Мы обрадовались и всё приготовили.

Однажды в июне мы встали рано и сели на самолёт. Через восемь часов мы уже прилетели в город Москву. Потом мы поехали на поезде из Москвы до Санкт-Петербурга. Там мы пошли к справочному окну, чтобы получить информацию о теплоходе в Петергоф.

Во второй день мы купили теплоходный билет, чтобы поехать туда. Через полчаса мы доехали до Петергофа на теплоходе. Там мы увидели деревья, цветы, фонтаны и дворцы. Красивые золотые фонтаны произвели глубокое впечатление на меня. Я взял фотоаппарат, чтобы фотографировать эти фонтаны и дворцы.

Нам было очень приятно. Мы лежали на траве и смотрели на небо. На голубом небе плавали белые облака, птицы свободно летали над нами и пели.

К вечеру мы вернулись в гостиницу, мы почувствовали себя особенно весело и живо. И что ещё важно, это то, что я поняла значение пословицы «Лучше один раз увидеть, чем сто раз услышать».)

Учи. : Ребята, после чтения моего дневника вы знаете, как мы с подругой доехали до Петергофа?

Уче. : Сначала вы пошли к справочному окну, и получили информацию о теплоходе в Петергоф, потом купили теплоходный билет.

Учи. : Да. А зачем я взяла с собой фотоаппарат?

Уче. : Вы взяли фотоаппарат, *чтобы* фотографировать фонтаны и дворцы.

通过语料阅读,学生了解到在俄语中如何表达目的意义,教师让学生观察带连接词 чтобы 的主从复合句的句子结构,并在语料中画出结构相同的句子,教师在黑板上板书阅读材料中出现的带连接词 чтобы 的主从复合句句型结构,之后提出问题（Если вы путешествуете с друзьями в Петергоф, как по-вашему, что ещё надо взять с собой?）,学生积极展开联想,给出丰富多彩的答案。

Учи. : Сейчас подумайте, если вы путешествуете с друзьями в Петергоф, как по-вашему, что ещё надо взять с собой?

Уче. 1 : Я возьму планшет, *чтобы* отправлять друзьям фото по Вичату.

Уче. 2 : Я возьму словарь, *чтобы* перевести незнакомые русские слова.

Уче. 3 : Я возьму палатка, *чтобы* поужинать с друзьями на траве.

Уче. 4 : Я возьму плащ, *чтобы* сохранять себя от дождя.

Уче. 5 : Я куплю сувениры, *чтобы* они остаться на память о Петергофе.

设计意图:

在语法教学中,很多教师为了节省时间,会直接告诉学生语法规则,之后再反复操练句型。但实际上，教师如果能选择与学生生活相关的内容创设情境，不仅可以让学习活动更真实，还能引起学生的学习兴趣，有利于激活学生的思维，达到事半功倍的效果。教师采用的 путешествие в Петергоф 的内容比较适合用带目的从句的主从复合句进行教学，因此教师借用该材料创设了语境，以激发学生的情感与思维参与，学生通过主题情境的猜测、预测与联想等活动进入思考状态，培养思维的开放性。

二、归纳规则，培养思维的准确性

当学生初步感知带目的从句的主从复合句的使用情况后，教师通过师生(生生)互动引导学生理解和感悟带连接词 чтобы 的主从复合句表达的意义，师生或者生生对话如下：

Учи. :Все вы молодцы, ребята. Но есть одна ошибка. Я уверена, что вы уже заметили союз «чтобы». Надо так сказать: «Я куплю сувениры, *чтобы* показать и подарить друзьям.» или «Я куплю сувениры, *чтобы* они остались на память о Петергофе.» Ребята, знаете ли вы, почему существует такая разница? Сегодня мы узнаем, как в русском языке выражается значение *цели*, когда мы что-то делаем для себя и когда мы что-то делаем для другого человека.

通过讨论，学生明白了带连接词 чтобы 的主从复合句与以前学习的主从复合句在语法构成上有所不同。教师简单总结后，学生通过仔细观察并在语料中找出相同结构的句子，归纳出带连接词 чтобы 的主从复合句的构成形式。通过比较学生顺利理解俄语目的从句中的动词形式的使用区别。

理解了概念以后，师生共同讨论带目的从句的主从复合句的用法，并完成以下板书：

Как в русском языке выражается значение цели:

1. Когда мы что-то делаем для себя.

1) Я взял в поход планшет, чтобы отправлять друзьям фото по Вичату.

2) Нине нужен словарь, чтобы перевести эту статью.

2. Когда мы что-то делаем для другого человека,

1）Я дал тебе деньги, чтобы ты купил книгу.

2）Я взял в поход планшет, чтобы друг отправлял мне фото по Вичату.

3. Когда придаточное является безличным и неопределённым предложениями.

1）Я открыл окно, чтобы в комнате было прохладно.

2）Чтобы вам не было трудно, я буду говорить медленно.

3）Мы пошли к справочному окну, чтобы дали нам информацию о поезде в Петергоф.

设计意图：

俄语语法课程有助于学生建构知识、发展技能、活跃思维。学生通过第一个活动，在语境中接触、体验和理解了俄语中带目的从句的主从复合句的意义，在随后的一系列活动中，学生通过教师的指导，采用体验、实践、参与、探究、合作等方式，进一步发现语言规律，掌握语言知识和技能。

三、巩固运用，培养思维的创造性

为了帮助学生熟悉带目的从句的主从复合句这一语法，教师设计了以下习题，要求学生独立完成习题1和习题2，师生合作完成习题3，考查学生能否准确使用带连接词 чтобы 的主从复合句。

Упражнения

1. Задание 1 на странице 42.

Скажите, зачем они это сделали.

Образец:

— Зачем папа купил билет?

—*Чтобы* я поехал в Москву. (для сына)

—*Чтобы* поехать в Москву. (для себя)

（1）Зачем ты взял в поход планшет?

отправлять / отправляли

1）*Чтобы* ребята ＿＿＿＿＿＿＿ мне фото по Вичату.

2) *Чтобы* _____ друзьям фото по Вичату.

（2）Зачем они едут на север? Там же сейчас холодно!

посмотреть / посмотрели

1) *Чтобы* их дети _____ ледяные скульптуры.

2) *Чтобы* _____ ледяные скульптуры.

（3）Зачем тебе в поезде нужен словарь?

перевести / перевёл

1) *Чтобы* Миша _____ эту статью.

2) *Чтобы* _____ эту статью.

（4）Зачем вы едете в музей Лу Синя?

познакомиться / познакомила

1) *Чтобы* учительница _____ нас с жизнью великого

писателя.

2) *Чтобы* _____ с жизнью великого писателя.

（5）Зачем вы ездили в горы?

кататься / катались

1) *Чтобы* наши русские друзья _____ на лыжах.

2) *Чтобы* _____ на лыжах.

（6）Зачем ты пригласил друга?

рассказать / рассказал

1) Я пригласил друга, *чтобы* он _____ мне о поездке

в Сочи.

2) Я пригласил друга, *чтобы* _____ ему о поездке в Сочи.

2. Задание 2 на странице 43.

Кто правильно и быстро соединит предложения по образцу?

Образец:

Чтобы не было скучно, Лена рассказала всем смешную историю.

Чтобы не было скучно в дороге,   Даша взяла с собой книгу.

Чтобы ребятам было весело в машине,   Миша включил музыку.

Чтобы в поезде не было холодно,   мы закрыли окно.

Чтобы всем было удобно,   мы поехали на поезде.

Чтобы он не забыл о поездке,   я ему позвонил.

Чтобы сообщить вам о нашем путешествии,   я пришёл к вам.

在学生熟悉了语言形式后,教师以小题为例,与学生展开互动,以启发思考,设置问题:Во время летних каникул ты с друзьями собираетесь на природу. Что вы делаете, чтобы....

3. Составьте и разыграйте диалог.

Учи: Во время летних каникул ты с друзьями собираетесь на природу. Что вы делаете, чтобы не было скучно в дороге?

Уче. 1: Я возьму с собой книгу, *чтобы* мне не было скучно в походе.

Учи. : А *чтобы* не забыть о поездке?

Уче. 2: Я буду писать дневник каждый день, *чтобы* не забыть о поездке.

Уче. 3: Я буду отправлять друзьям фото по Вичату, *чтобы* рассказывать им о поездке.

Уче. 4: Я куплю сувениры, *чтобы* они обрадовали моих родителей.

Учи. : А *чтобы* не было голодно в поезде?

Уче. 5: Я буду искать информацию о ресторанах, *чтобы* пообедать и поужинать с друзьями.

Учи. : А *чтобы* было удобно в путешествии?

Уче. 6: Я возьму чемодан, *чтобы* положить все тяжёлые вещи в него.

Уче. 7: Если у меня будет вопрос, я пойду к справочному окну, *чтобы* дали мне нужную информацию.

Уче. 8: Я возьму фотоаппарат, *чтобы* фотографии с него были лучше, чем с мобильного телефона.

紧接着教师让学生之间展开交流,并在巡视中发现学生又生成了很多有意义的话题。

设计意图：

学生在掌握语言形式后，教师如何设计操练和巩固运用的活动是很重要的。教师应保证学生在口语运用与书面运用上都能接受相应的训练，以便能够准确掌握所学语言知识，达到运用自如的效果。

上述交流活动与学生日常生活紧密相关，符合学生实际，学生有话可说，乐于展开联想，并能够在与他人的互动中进行真实、有意义的交流，有助于培养学生思维的创造性。

四、讨论话题，培养思维的批判性

学生熟悉目标语法项目后，教师应引导学生通过讨论不同层次的话题进行由浅入深、由点到面的操练，以巩固所学语法知识。教师设计了以下话题让学生讨论，以帮助学生巩固带目的从句的主从复合句用法，并培养其批判性思维。

Тема: Во время летних каникул ты с друзьями собираетесь на природу. Что вы делаете, *чтобы* не было скучно в дороге? *чтобы* не забыть о поездке? *чтобы* не было голодно в поезде? *чтобы* было удобно в путешествии?

思维导图

这些话题激发了学生的想象力，调动了学生的积极性，他们踊跃发言：例如：

Учи.: Во время летних каникул ты с друзьями собираетесь на природу. Что вы делаете, *чтобы* не было скучно в дороге?

Уче. 1: Я возьму с собой книгу, *чтобы* мне не было скучно в походе.

Учи.: А *чтобы* не забыть о поездке?

Уче. 2: Я буду писать дневник каждый день, *чтобы* не забыть о поездке.

Уче. 3: Я буду отправлять друзьям фото по Вичату, *чтобы* рассказывать им о поездке.

Уче. 4：Я куплю сувениры, *чтобы* они обрадовали моих родителей.

Учи. ：А *чтобы* не было голодно в поезде?

Уче. 5：Я буду искать информацию о ресторанах, *чтобы* пообедать и поужинать с друзьями.

Учи. ：А *чтобы* было удобно в путешествии?

Уче. 6：Я возьму чемодан, *чтобы* положить все тяжёлые вещи в него.

Уче. 7：Если у меня будет вопрос, я пойду к справочному окну, *чтобы* дали мне нужную информацию.

Уче. 8：Я возьму фотоаппарат, *чтобы* фотографии с него были лучше, чем с мобильного телефона.

设计意图

语法知识不能脱离文本而单独存在。本活动选取了与学生相关的、适合学生年龄段的、学生感兴趣的话题,鼓励学生用正确的语言形式表达自己的想法。

教学策略(教学模式或教学方法)

在讲解俄语中带目的从句的主从复合句的用法时,通过选取与学生相关的、适合学生年龄段的、学生感兴趣的话题,创设教学情境,引导、鼓励学生用正确的语言形式表达自己的想法,给学生留下更直观、深刻的印象。在课堂练习的设计上,结合本节课所学带目的从句的主从复合句知识,不断引导、鼓励学生使用带连接词 чтобы 的目的从句进行言语表述,并在作业布置环节,有意识地引导学生上网查找信息,积极使用本节课所学的词汇、语法、句式进行言语表达。

教学资源

课例评析

本节课以学生为中心设计学习任务,使思维品质的培养更具有针对性。本节课在设计时,充分考虑了所在学校学生俄语水平较低、思维不太活跃的特点,教学活动考虑了学生的发展需求,关注了学生的个性差异,调动了学生的情感参与,学生参与度和情感融入度都很高。本节课主要通过设计不同层次的问题,激发学生思维,给予学生分析问题和解决问题的机会,发展学生的思维品质。除了设计引发思考的问题与任务外,教师还注重通过追问,引导学生进行自我判断与自我纠正,并在思维碰撞中激发求异思维。在思考和解决问题的过程中,学生经过分析、推理、论证、判断等思维活动,形成和发展自己的思维能力,而思维能力是学习能力的核心。在本课中,学生通过不断质疑、提问、探究、证实这样的思考过程来提高认识,加深理解,并最终将知识转化为能力。

作业设置

分层

Подводим итог.

Ребята, наш урок подходит к концу. Чем мы сегодня занимались?

Сегодня мы узнали, как выражается значение цели в русском языке, например:

Я купил билет, чтобы поехать в Москву.

Я купил билет маме, чтобы она поехала в Москву.

Сейчас мы знаем, как ответить на вопрос «зачем…?».

Домашнее задание:

По своему уровню овладения выберите одно из следующих заданий:

1) задание 3 на странице 43. Посмотрите на рисунки. Подумайте и скажите, зачем они это сделали.

2) рассказать о своём путешествии, используя союз «чтобы» в предложениях, сам найдите фотографии.

3) рассказать о пословице «Лучше один раз увидеть, чем сто раз услышать», можно найти информацию в Интернете.

课例名片

年　　　级:初中八年级

执 教 者:济南外国语学校　张发芹

教学内容:人教版　义务教育教科书

　　　　八年级全一册　第6课

　　　　Чем вы интересуетесь?

【主题名称】«Чем вы интересуетесь?»为"人与自我"主题范围,主要描写"生活与学习"中人的"兴趣爱好"。

【适用年级】8年级

【活动时长】2课时

【主题设计】主题活动是完成一个主题学习任务之后进行的综合性言语实践活动。主题活动以促进学生综合语言运用能力为目标,将听、说、读、写等言语活动寓轻松愉快的活动之中。活动采取分组方式,使每个学生都参与其中;活动方式可采用游戏、竞赛、看图说话、情境对话、情境描述、角色扮演、专题讨论等。本案例提供8个活动类型,活动时长设计为2课时,各学校可根据学情自行确定活动时长,选择活动内容与形式。

活动目标:通过主题活动使学生在情境中学会运用 заниматься чем,кем быть,кем работать,интересоваться чем 等词组表达和交流,培养学生在情境中正确使用俄语进行交际的能力。

活动内容:

1. 语言知识:词组 заниматься чем,кем быть,кем работать,интересоваться чем,увлекаться чем 在主题活动中的运用。

2. 文化知识:了解俄罗斯人的兴趣爱好、职业理想、健康生活方式。

3. 言语技能:能在主题情境中正确运用语言知识和文化知识表达与交流。

4. 学习策略:创造愉快的学习氛围,激发学生学习兴趣,鼓励学生大胆表达。

活动过程：

活动1：看图描述（在活动中由教师用PPT播放，学生分组，轮流抢答，教师评价）"Чем они занимаются?"。

活动2：依据情境，按照示例回答问题（教师指导下，采用小组活动形式，展开二人合作，通过某一角色扮演，完成活动任务，小组成员互评）。

А. Чем они интересуются/ занимаются и кем они хотят стать?

Образец: Антон интересуется/занимается историей. Он хочет стать историком.

（1）Маша — музыка — музыкант

（2）Витя — физика — физик

（3）Дима — математика — математик

（4）Света — пение — певица

（5）Боря — футбол — футболист

（6）Саша — спорт — спортсмен

Б. Что они любили и кем они стали?

Образец: Вера любила театр. Она стала артисткой.

（1）Саша любил красивые дома.

（2）Лена любила музыку.

（3）Алёша любил спорт.

（4）Ира любила искусство.

（5）Нина любила историю.

（6）Витя любил физику.

В. Посмотрите на картину и поговорите, кем они хотят стать?

教师可以从网上搜一些图，图上是装扮成不同职业的人，代表着他们想要从事的职业。

Г. Кем они работают? Посмотрите на картины, поговорите по образцу.

Образец: Он работает строителем. Я думаю, что он любит красивые дома.

Д. Почему они выбрали такую профессию?

Образец:

— Ты хочешь быть художником или инженером?

— Я хочу быть инженером.

— Почему?

— Потому что мне нравится математика/ я люблю математику/я интересуюсь математикой. / Мне нравится эта профессия.

(1) врач или лётчик

(2) художник или спортсмен

(3) писатель или музыкант

(4) композитор или инженер

(5) шофёр или продавец

(6) служащий или юрист

活动3：听对话，说一说情境中描述的主人公在哪里(教师播放录音，小组讨论内容，推选代表发言，概括描述情境，小组之间评价)。

(1)— Юра, чем ты здесь занимаешься?

　— Я занимаюсь историей.

　— А я не знал, что ты интересуешься историей.

(2)— Сун Да, вот наша площадка.

　— Очень большая площадка. Что вы делаете на площадке?

　— Здесь мы занимаемся спортом. Летом мы играем в футбол, а зимой — в хоккей. Наши ребята любят спорт, даже девочки интересуются спортом.

活动4：根据下列情境进行表达交流(采用小组活动，展开二人合作，通过角色扮演，完成活动任务，小组成员互评)。

А. Кем работают ваши родители? Чем они занимаются в свободное время?

Б. Кем вы хотите быть? Почему?

Образец: (1) Я хочу быть учительницей, потому что я люблю детей. В свободное время я много читаю книги о воспитании детей.

（2）Я хочу стать футболистом. Я люблю этот вид спорта и уже третий год занимаюсь в секции футбола. Я уже стал капитаном команды.

Подсказки：врач，медсестра，инженер，учитель（учительница），артист（артистка），спортсмен，учёный，физик，музыкант，художник，космонавт，переводчик，полицейский，преподаватель，фотограф，журналист…

活动5：听录音,先回答问题,然后再转述短文内容(教师播放录音,组内回答问题,概括短文内容,分组进行转述,小组之间评价)。

Меня зовут Боря. Мне тринадцать лет. Я много думал, кем я хочу стать в будущем и решил, что хочу стать врачом. Хочу помогать людям восстанавливать своё здоровье，лечить больных，спасать их от опасных болезней. Врачи нужны в любые времена，их помощь нужна в любое время суток.

Это очень уважаемая профессия. Я знаю，что работа врача очень трудоёмкая и очень ответственная，она приносит много радостей，а именно от результата работы. Ведь когда врачи излечили человека от тяжёлой болезни，спасли его от верной смерти，порой они радуются больше，чем даже сам пациент.

Чтобы стать хорошим врачом，нужно много учиться и много знать，а также вести здоровый образ жизни. Как врач может говорить о здоровье，будучи сам нездоровым. Поэтому я занимаюсь гимнастикой и плаванием，и серьёзно занимаюсь биологией，ещё читаю интересные статьи о медицине.

Ответьте на вопросы：

（1）Сколько лет Боре?

（2）Кем он хочет стать? Почему?

（3）Как Боря думает о профессии врача?

（4）Чем он занимается，чтобы быть врачом?

活动6：听录音,了解俄罗斯人的兴趣爱好,按照情境表述交流(教师播放录音,组内讨论内容,按照人物线索,组内表达交流,小组成员评价)。

Некоторые великие люди известны именно своими увлечениями. Например, прекрасный врач **Владимир Иванович Даль** любил собирать русские слова, пословицы, сказки. И создал он свой известный толковый словарь, который всем известен сейчас как Словарь Даля.

Менделеев Дмитрий Иванович — гениальный русский химик, физик. Даже русский учёный-энциклопедист: химик, физико-химик, физик, метролог, экономист, технолог, геолог, метеоролог, нефтяник, педагог. Менделеев Дмитрий Иванович интересовался литературой и искусством, любил собирать картины известных художников разных стран, любил заниматься ручным трудом, любил делать чемоданы, играть в шахматы, писать стихи.

Антон Павлович Чехов: Все знают, что Чехов был известным русским писателем. А его настоящая профессия — это врач. Каждый день он лечил больных, но он увлекался литературой, потом его увлечение помог ему стать писателем. Кроме этого, он ещё любил собирать марки.

Ответьте на вопросы:

(1) Какое увлечение у Владимира Даля? Кем он работал? Какое достижение он получил?

(2) Кто такой Менделеев? Какие увлечения у него есть?

(3) Кем был Антон Павлович Чехов по профессии? Чем он увлекался?

活动7:描述家庭成员的业余生活,引导健康生活方式(小组讨论。活动前:学生自行准备材料;活动中:组内介绍家庭成员的业余生活;活动后:小组成员互评)。

(1) Что вы любите делать в свободное время? Чем вы занимаетесь в свободное время?

(2) Вы знаете, чем занимаются ваши родители и ваши бабушки и дедушки в свободное время?

活动8:描述家庭成员的兴趣爱好、职业岗位,加深对家庭成员的了解,引导学生关心家庭,形成尊亲敬长风尚(小组讨论。活动前:学生自行准备材料;活动中:组内介绍家庭成员的业余生活,职业岗位,工作状况,推选代表在全班展示;活动后:各组之间进行评价,教师给予点评或总评)。

(1) Какое увлечение у бабушки и дедушки?

(2) Кем бабушки и дедушки работали или работают?

(3) Какие успехи они сделали в увлечениях?

课例名片

年　　级:高中二年级

执 教 者:长春外国语学校　石文

教学内容:人教版　普通高中教科书　俄语

　　　　　选择性必修二　第3课

　　　　　Магазин

一、教学目标

语言能力:

1. 听懂与"购物"相关的语篇,完成口语交际或书面作答任务;

2. 围绕"购物",利用掌握的词汇、语法和功能句式进行表述;

3. 读懂"购物"相关的语篇,完成任务;

4. 结合所学知识,完成项目——建造自己的商店(作文《Мой магазин》《我的商店》)。

文化意识:

1. 了解最新的购物方式,将网上购物和商场购物进行对比,得出自己的结论,表达观点;

2. 通过课文《Новый костюм》(《新西装》)体会人在购物时的心理活动,思考如何合理购物;

3. 在学习过程中了解我国的电子付款方式,并尝试"用俄语讲述中国故事"——向俄罗斯小伙伴推荐中国的购物网站和日常扫码付款方式。

思维品质：

能够整合已经掌握的语言知识，在实际情境中实践应用。

学习能力：

1. 具有良好的学习习惯，可以进行自主学习，也可以通过合作学习解决问题；

2. 能够借助网络、图书馆查找自己需要和感兴趣的内容，扩展知识面，进行深入思考。

二、教学重点和难点

学习表述自己需要哪些物品，建议朋友在哪里可以买到需要的商品，学会询问价格，评价商品的质量、样式、价格等，以及讨论在商店里的行为规范。

带地点从句的主从复合句；形容词短尾的构成及应用。

三、教学准备

PPT、课本、教参、教案、导学案

引导学生项目化学习：任务是建立自己的商店。在教学过程中引导学生观察生活、思考生活，结合自己的购物体验，建立一个自己满意的商店，最后呈现方式是作文，可以配合图画进行说明。

教学过程	教 学 内 容	教学设计说明
第 1 课时 新课导入	单词联想"магазин"（图片）	让学生回想起已经学习过的与"购物"相关的主题词汇。听老师讲解、看例句，口头完成汉译俄及俄译汉练习。
新课呈现	1. 学习新单词。 2. 了解本课课文、对话中的单词例句。	让学生了解生词在本课中的应用。
应用实践 作业	简单描述主题图 1. 完成单词书面作业（抄写、变位、造句等）。 2. 预习"形容词短尾"，完成练习2。	回顾及复习单词

续表

教学过程	教 学 内 容	教学设计说明
第2课时 新课导入 新课呈现	读句子,发现规律(形容词短尾) 学习"形容词短尾" 1. 学习短尾的构成,变化规则。 2. 学习形容词长、短尾用法的区别。 3. 提问要用"каков/какова/каково/каковы"。	引导学生自主学习,通过句子和词组让学生发现新的语法现象,总结规律。激发学生学习动力和兴趣。
应用实践	1. 完成书上练习题3、4、5。 2. 完成小组对话。	会用短尾进行问答对话
作业	1. 书面作业(巩固短尾变化和应用)。 2. 预习"带地点从句的主从复合句";完成练习7。	
第3课时 新课导入	回忆单词:表示方向和处所的词汇	复习并为学习新知识和口语表达做准备。
新课呈现	1. 学习"带地点从句的主从复合句",完成练习7。 2. 学习55页表示处所和方向的词汇。	在实际情境中巩固新单词和语法
应用实践	1. 完成练习8、9。 2. 结合68页练习6由2名学生仿上面练习编对话。	
作业	1. 书面作业(巩固短尾变化和应用)。 2. 预习51页、54页对话内容。	
第4课时 新课导入	看图片,尽量将自己知道的信息用俄语描述出来(ГУМ,王府井)	利用主题图片帮助学生回忆相关单词
新课呈现	1. 听对话(练习1),回答问题。 2. 听对话(练习6、8),写出主要词汇、句型。	学生课下已经预习对话,通过听后回答问题、填表、编对话等形式帮助学生梳理内容,强化重点
应用实践	1.2人一组编简单对话。 2. 做练习12(P59),讨论实体店和网店的好处。	
作业	1. 书面作业(记住对话中的知识点)。 2. 口语作业:分小组建立商店;预习56页对话。	

续表

教学过程	教 学 内 容	教学设计说明
第5课时 新课导入	1. 复习上节课重点词组和句子。 2. 学生分小组呈现自己的商店。 3. 教师点评学生的商店,通过问题引导学生观察生活、思考生活。	学生在组内讨论要建立的商店时,可以拓展思路,取长补短,更全面地思考自己的商店要建成什么样
新课呈现	1. 教师讲解对话背景。 2. 听56页对话,填出所需信息。	
应用实践 拓展 作业	根据对话情景,学生分组编对话。 王府井步行街,阿尔巴特大街,新阿尔巴特大街 1. 书面作业(记住对话中的知识点)。 2. 预习课文,逐步完善自己的商店。	
第6课时 新课导入 新课呈现 应用实践 作业	说出自己想到的句子(68页练习6) 课文讲解 重点词汇句型替换练习 1. 书面作业(记住课文中的知识点)。 2. 预习课文,思考在商店里顾客是否要相信售货员。	考查学生对本课重点词汇句型的掌握
第7课时 新课导入 新课呈现 应用实践 作业	翻译句子,复习上一课课文内容 课文讲解 重点词汇句型替换练习 1. 书面作业(记住课文中的知识点)。 2. 思考售货员应该如何介绍商品,思考自己的商店要提供什么样的服务。	检查学生对课文内容的理解和掌握 引导学生思考售货员的行为是否得当,如何才能养成良好的购物习惯,使自己不上当受骗
第8课时 复习总结 拓展讨论	复习,归纳本课重点言语知识 就短文内容开展讨论,思考一下我们想要什么样的购物环境	

续表

教学过程	教学内容	教学设计说明
作业	完成本课的项目:建立一个自己满意的商店,用作文呈现	根据课文,讨论应该吸取的教训;讨论自己的商店要提供哪些服务才能避免类似情况发生,完成作文写作
板书设计	Урок 3 21 октября 2021 года　　　　кому что идёт 　　Четверг　　　　что кому мало/велико 　　погода　　　　какого размера/цвета 　　градусов　　　　два сувенирных магазина	

第 5 课时(示例)

Цель урока (教学目的)	1. Выработка навыков и умений использования материалов диалога в речевой практике. (培养学生将所学知识运用于实践中的能力) 2. Составление диалога. (根据所学词编对话)
Опорные аспекты обучения(教学重点)	Какие вещи вам нужны, где и что лучше купить, примерить одежду. (表述自己要买什么,在哪买,试衣服)
Трудные аспекты обучения(教学难点)	Употребление краткой формы прилагательных (形容词短尾用法)
Метод преподавания(教法)	Эвристический метод преподавания(启发式教学)и PBL(项目化学习)

Распределение времени на основные этапы урока（时间分配）					
Органи-зация урока（组织课堂）	Дежур-ный доклад（值日生报告）	Повто-рение и проверка（复习、检查作业）	Объяснение нового диалога（讲解新对话）	Составление диалога（编对话）	Подведение итогов Задание на дом（总结、作业）
1м.	4м.	15м.	10м.	10м.	5м.
Ход урока					

1. Организация урока（组织课堂）

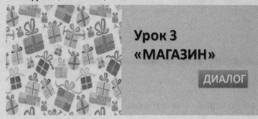

1）Слова приветствия.（问候）

2）Доклад дежурных.（值日报告——2名同学）

3）Сообщение цели урока.（宣布课堂目的）

2. Повторение（复习导入）

1）Повторение слов（单词头脑风暴）

主题词：идти，купить，размер/цвет，два/две，каков

Воспитание способности к творческому развитию учащихся（培养学生创造性发展及言语运用的能力）

2）Проверка домашнего задания(学生分组展示作业——自己的商店)

3. Объяснение нового диалога（讲解新对话）

Слушайте звукозапись и отвечайте на вопросы учителя.

КТО	КОМУ\ДЛЯ КОГО	ЧТО	ГДЕ
Ли Мин уже купил	для родных и друзей	сувениры	на Ванфуцзине
Ли Мин посоветовал Нине купить	для родных и друзей	сувениры	в Интернете
Нина хотела купить	для друзей	шёлковые галстуки, вазы, чашки, скатерти	
Нина хотела купить	папе	бельё, ботинки	в Интернете
Ли Мин посоветовал Нине купить	маме	шарф и платок	на Ванфуцзине
СЛи Мин посоветовал Нине купить	папе	смартфон	на Ванфуцзине

4. Составление диалогов(分组编对话)

Используя слова, которые вы уже проходили на уроке, составьте диалоги, помогите Нине купить сувениры и разыграйте свои диалоги.

5. Подведение итогов(总结提问)

6. Задание на дом(作业)

1）Напишите и переведите диалог（на странице 56）в тетради.

2）Подготовьтесь к новому тексту.

参考文献

[1] 中华人民共和国教育部. 普通高中俄语课程标准(2017 年版)[M]. 北京：人民教育出版社,2018.

[2] 刘娟,黄玫. 普通高中俄语课程标准(2017 年版)解读[M]. 北京：高等教育出版社,2018.

[3] 中华人民共和国教育部. 义务教育俄语课程标准(2011 年版)[M]. 北京：北京师范大学出版社,2012.

[4] 刘永红. 义务教育俄语课程标准(2011 年版)解读[M]. 北京：高等教育出版社,2012.

[5] 中华人民共和国教育部. 义务教育俄语课程标准(2022 年版)[M]. 北京：北京师范大学出版社,2022.

[6] 人民教育出版社课程教材研究所俄语课程教材研究开发中心. 初中俄语学业评价标准(实验稿)[M]. 北京：人民教育出版社,2012.

[7] 程晓堂. 义务教育课程标准(2022 年版)课例式解读 初中英语[M]. 北京：教育科学出版社,2022.

[8] 程晓堂. 改什么？如何教？怎样考？——义务教育英语课程标准(2022 年版)解析[M]. 北京：外语教学与研究出版社,2022.

[9] 程晓堂. 核心素养下的英语教学理念与实践[M]. 南宁：广西教育出版社,2021.

[10] 李宝荣. 中学英语教学设计优化策略[M]. 北京：北京师范大学出版社,2016.

[11] 梅德明,王蔷. 改什么？如何教？怎样考？——高中英语新课标解析[M]. 北京：外语教学与研究出版社,2018.